教學指引

全新版

華語

第四冊

流傳文化事業股份有限公司
http://www.chlearn.com

編輯大意

一、本指引依據華語課本分冊編輯，共十二冊，供教師教學參考之用。

二、本指引體例分為兩部分：

㈠單元導讀：在教學指引增列單元導讀，以感性的筆調，引導進入大單元的核心。

㈡各課教學指引包括：

1. **聆聽與說話**：以趣味的遊戲帶動孩子學習語文的興趣；再以課文情境圖讓兒童練習說話，最後過渡到概覽課文。

2. **閱讀與識字**：讓學生提出詞語，進行詞義、字形的教學。

3. **閱讀與寫作**：藉著課文的深究，對話的練習，形式的深究，讓學生明白句子的結構，文章的結構。

4. **教學資料庫**：提供了習作解答參考，及相關的語文補充資料，供教師參酌使用。

三、本書所提供的教學流程與方法，只作示例參考；教師可掌握教材內容及意旨，並根據當地學生年齡、程度、學生學習時間做調整。

四、本書的國字注音依據教育部編印的「國語一字多音審訂表」，筆順則依據教育部編印的「常用國字標準字體筆順手冊」編輯而成。

五、本書如有疏漏之處，尚祈各校教師提供寶貴意見，俾供修訂時參考，謝謝您。

全新版華語教學指引 第四冊

第三單元　應變

第四單元　好習慣

總說

第一單元 成長

本單元主題是「成長」，共三課：第一課「媽媽，我長大了」，是一篇記敘文，在媽媽和孩子的對話中，孩子感受到「長大了」的喜悅，而媽媽分享了孩子成長的喜悅。第二課「小蝌蚪」，用擬人化的寫作方式，敘述小蝌蚪希望自己快快長大，可以和媽媽一樣，長得美麗，游起水來很神氣。第三課「我們是小草」，也是用擬人化的方式寫作，敘述小草在成長中，懷著感恩的心情，感謝泥土和陽光，同時愛自己，認識自己，覺得自己就是獨一無二的。

三課的角色，有人、動物、植物，各有不同的生活環境，但都渴望成長，享受成長的喜悅。求學中的孩子正值成長的階段，希望讀了這個單元之後，重視自己的成長，同時認識動植物的成長。

一 媽媽，我長大了

教材說明

1.本課是一篇記敘文，一開頭「安安站在椅子上，比媽媽還高。」充分流露出孩子渴望成長的喜悅。

2.語文活動中的「讀一讀」，能使兒童在朗讀中，同時體會到成長了，是可以做許多事。

3.本文中加進對話，使內容更生動活潑。

教學重點

1.「長大了會做什麼事？」這是學習本課的重點，同時給孩子一個思考的方向，老師要善加引導。

2.學習「……也……」、「……又……」並列句的寫作方式。

3.文中重複使用「我長大了」、「也長大了」，加重句子的力量。

教學建議

1.引導兒童正確使用上下引號，並注意書寫的格式。上下引號各佔一個格子，不要弄錯了。

2.指導兒童練習疑問句，並把「問號」書寫正確。

二　小蝌蚪

教材說明

1. 本課是用第一人稱，且用擬人化的寫作方式。
2. 取材「小蝌蚪」，是在兒童的生活中很容易看到，更有機會觀察到成長的過程。
3. 「文字樹」的練習，具有延伸教學的效果，可引導兒童利用工具書——字、辭典來完成這個活動。

教學重點

1. 練習「游一游」、「滾一滾」的詞語。
2. 練習使用摹色修辭，如黑溜溜的、白白的。
3. 「蝌蚪」兩個字都是「虫」部首，念「ㄏㄨㄟˇ」。
4. 學習疑問句的句型。

教學建議

1. 「擬人化」的寫作方式是很活潑的，如本文中把「小蝌蚪」擬人化了，他會玩耍，會跟媽媽說話，完全有了「人」的動作，但他在池塘裡游一游，在泥巴中滾一滾。卻保留了「蝌蚪」的特性，這樣的寫作方式才是正確的。

三　我們是小草

教材說明

1. 本課是以「擬人化」的寫作方式，讓小草為它的成長說出一些話。
2. 語文活動中有「部首」的練習，讓兒童能在分辨中，更了解字的形音義，成為辨字高手。
3. 「文字變變變」當中，讓兒童了解字的由來和變化，就不容易寫錯別字了。

教學重點

1. 學習本文疊字詞的使用，如嫩嫩綠綠。
2. 能認識因果關係的句子，如「因為有泥土和陽光，所以我才會長新芽。」
3. 文中「高聲的歡呼」、「高興的說」、「輕輕的問」，都是說話的方式，交互使用，才不會有重複的感覺。

教學建議

1. 小草雖然是很微小的植物，但大地少不了它，它的成長不怕風吹雨打，的確給了人類不少信心，老師可讓兒童多認識它。
2. 指導兒童朗讀，能把感情讀出來，尤其是「我們是小草」，聲音大而且拉長，充分流露出當小草的自信啊！

一 媽媽，我長大了

一、聆聽與說話

(一)語文遊戲：比一比

1. 先將學生散開成自由隊形。
2. 老師說出比一比的內容，讓小朋友用誇張的肢體動作表現出來。
3. 比賽的內容為：香、臭、高、矮、胖、瘦、大、小。
4. 有創意、盡力者得到老師的誇獎。

(二)看圖說話

以提問方式，引導兒童用完整的句子回答問題。

1. 圖裡面安安在做什麼？
2. 我們為什麼會長高？
3. 為什麼安安那麼開心？
4. 如果你是媽媽，你希望安安還會做什麼事？

(三)概覽課文

1. 學生安靜看一遍課文。
2. 教師範讀一遍課文。
3. 兒童試讀課文（齊讀、分組讀、個別讀、輪流讀幾句都可）。
4. 兒童試說大意。

二、閱讀與識字

(一) 提出詞語

1. 兒童舉手提出本課詞語，教師補充並將所有詞語書寫在黑板上。
2. 教師範念後，再領念，並矯正發音，兒童可全體念、分組念、個別念。

(二) 詞義教學

1. **椅子**：用來坐的家具。可用實物說明。
2. **大聲的喊**：用力發出聲音的意思。可請小朋友試一試。
3. **什麼**：疑問詞。表示對某件事物有不明白的地方。
4. **歪著頭**：把頭偏向一邊，表示想事情的意思。
5. **幫忙**：協助別人做事的意思。舉例說明使語義更明白。
6. **長高**：請兒童做長高的動作，並討論為什麼會長高。

7. **歪著頭**：以表演的方式來說明。

8. **張望**：到處看的意思。以動作來表示，說明張望的原因。

9. **摺衣服**：表演摺衣服的動作。

10. **擺碗筷**：拿碗筷請學生擺放，並說明幫忙擺碗筷的意義。

11. **穿鞋子**：把鞋子套進腳裡並綁緊鞋帶，老師示範穿鞋子的動作來說明。

12. **一樣**：相同的意思。舉兩個實例來比較說明。例如：小明和小華的書包是一樣的。

(三) 字形教學

1. **習寫字：以食指書空練習，也可以讓小朋友上臺試寫。**

椅（木）部　衣（衣）部

喊（口）部　幫（巾）部

會（日）部　澆（水）部

自（自）部　碗（石）部

已（己）部　筷（竹）部

望（月）部　鞋（革）部

2. **認讀字：**

歪（止）部　興（臼）部

間（門）部　擺（手）部

處（虎）部

三、閱讀與寫作

(一) 內容深究：就課文內容，引導兒童回答問題。

1. 安安為什麼要站在椅子上？
2. 安安歪著頭表示在做什麼？
3. 安安為什麼要跑進跑出？
4. 安安想到自己長大了會做哪些事？
5. 媽媽覺得安安真的長大了嗎？
6. 為什麼安安會覺得很開心？

(二) 練習朗讀課文

1. 老師領念課文。
2. 小朋友自己默讀一次課文。
3. 請小朋友學媽媽和安安的口氣讀一次課文。

(三) 形式深究（僅供教師參考）

1.章法：

(1)本課文體是對話式的記敘文，主要由安安和媽媽的對話構成。

(2)研討課文分段大意、全文大意：

分段大意：第一段：安安站上椅子發現比媽媽還高。

第二段：安安到處找自己長大會做什麼。

第三段：因為安安長大了，媽媽和安安都很開心。

全文大意：安安發現自己長大了，而且還會做很多事，所以很開心，媽媽聽了也很高興。

(3)結構分析：

全文
- 先說——第一段——安安站上椅子
- 再說——第二段——安安會做的事
- 最後說——第三段——安安和媽媽都開心

(4)主旨：藉著成長後能力的提昇來說明成長的快樂。

2.句子練習：

(1)想了又想……

例如：媽媽想了又想，不知道把眼鏡擺在哪裡？

大明想了又想，不知道明天要做什麼？

(2)會……還會

例如：我會穿鞋子，還會擺碗筷。

我會擦地板，還會洗碗。

3. 詞語練習：動作字詞

喊（喊叫、呼喊）　歪（歪著頭）

跳（跳下、跳出）　跑（跑進、跑出）

摺（摺衣服、摺紙）　擺（擺碗筷、擺姿勢）

四、教學資料庫

㈠語文活動一解答參考

第5頁【讀一讀】

（我長大了，我會洗碗，還會擦地板。）

㈡習作解答參考

A本

【習作㈠】

1.（跳下）（跑進）2.（擺碗筷）（穿鞋子）3.（張望）（希望）

【習作㈡】

學生自由發表。

B本

【習作㈠】

1.（吃了又吃）2.（跑了又跑）3.（喊了又喊）4.（說了又說）5.（唱了又唱）

（動作）

【習作㈡】

1.（我想了又想，發現自己真的很聰明。）

2.（我長大了，會自己穿衣服，還會幫忙擦地板。）

3.（我和你的皮膚一樣白。）

㈢補充資料

1.手的動作詞：

例如：打：打球、打人、打拍子。

拍：拍手、拍桌子。

揮：揮手、揮舞。

舉：舉高、舉手。

2.兒歌：我長大了

我長大了，太陽對我微笑；

我長大了，星星對我眨眼；

我長大了，媽媽說我是好寶寶。

二 小蝌蚪

一、聆聽與說話

(一)語文遊戲：誰長大了

1.老師發給全體小朋友每人三張便條紙。

2.請兒童依照「誰長大了」、「在哪裡」、「做什麼」的順序寫在紙上。

例如：小馬長大了，在河邊吃青草。

3.將全部的紙條混合在一起後，再依前面的順序抽出來，並請小朋友大聲念出。

4.因為紙條經過混合的動作，往往有意想不到的效果。

(二)看圖說話

1.在圖裡面，小蝌蚪正在水裡做什麼？

2.小蝌蚪有哪些好朋友？

3.小蝌蚪游水的姿勢怎麼樣？

4.小蝌蚪和媽媽長得有什麼不一樣？

5.小蝌蚪慢慢長大以後，變成什麼樣子？

教師指導兒童用完整的句子來說。

(三) 概覽課文

1. 學生安靜看一遍課文。
2. 教師範讀一遍課文。
2. 教師領讀課文。
3. 兒童試讀課文（齊讀、分組讀、個別讀、輪流讀幾句都可）。
4. 兒童試說大意。

二、閱讀與識字

(一) 提出詞語

1. 兒童舉手提出本課詞語，教師補充並將所有詞語書寫在黑板上。
2. 教師範念後，再領念，並矯正發音，兒童可全體念、分組念、個別念。

(二) 詞義教學

1. **蝌蚪**：青蛙的幼年時期。以照片或圖片說明。
2. **黑溜溜**：形容黑而光滑的樣子。舉例說明。
3. **尾巴**：動物身體的一部分。舉實例說明。
4. **池塘**：小水池，水流匯集的低地。

5. **玩耍**：遊戲玩樂的意思。
6. **水草**：生長在池塘中的植物。舉實例說明。
7. **泥巴**：潮濕的泥土。
8. **滾一滾**：讓身體捲動，表示快樂的玩耍。
9. **肚皮**：身體的一部分。舉例說明或實際觸摸自己身體的腹部來說明。
10. **神氣**：自認為得意的樣子。

(三) 字形教學

1. **習寫字：以食指書空練習，也可以讓小朋友上台試寫。**

拖（手）部　泥（水）部
尾（尸）部　肚（肉）部
巴（己）部　腿（肉）部
池（水）部　神（示）部
塘（土）部　腳（肉）部
耍（而）部　孩（子）部
游（水）部

2. **認讀字：**

蝌（虫）部　滾（水）部

蚪（虫）部　划（刀）部

3. **同部首的字：**

⑴蝌、蚪：（虫）部

⑵池、游、泥、滾：（水）部

三、閱讀與寫作

㈠內容深究

就課文內容，引導兒童回答問題。

1. 小蝌蚪長得怎麼樣？
2. 小蝌蚪在池塘裡做什麼？
3. 牠的媽媽長得怎麼樣？
4. 小蝌蚪和媽媽有什麼不一樣？
5. 小蝌蚪有什麼疑問？牠怎麼問媽媽？
6. 為什麼小蝌蚪長大了媽媽會開心？

㈡練習朗讀課文

1. 老師領念課文。

2. 小朋友分段練習念課文。

3. 鼓勵小朋友上臺念給大家聽。

(三) 形式深究（僅供教師參考）

1. 章法：

(1) 本課文體是記敘文，主要由三段構成，先說蝌蚪在玩水，再說蝌蚪發現和媽媽不一樣，最後蝌蚪找到了答案。

(2) 研討課文分段大意、全文大意：

分段大意：第一段：小蝌蚪在水裡和好朋友一起玩水。

第二段：小蝌蚪發現自己和媽媽長得不一樣。

第三段：小蝌蚪長出了腳和尾巴。

全文大意：小蝌蚪在水裡和好朋友一起玩水，牠們看到媽媽和自己長得不一樣，所以提出問題問媽媽，可是媽媽都沒有回答，只是笑一笑，直到小蝌蚪發現自己長出了尾巴，媽媽才開心的告訴牠們，說：「你們長大了。」

(3) 結構分析：

全文
- 先說——第一段——玩水的情形
- 再說——第二段——發現問題
- 最後說——第三段——明白了問題

(4)主旨：長大是一種喜悅。

2.句子練習：

(1) 跟……不一樣

例如：你喜歡吃香蕉，我喜歡吃芒果，我跟你不一樣。

你喜歡游泳，我喜歡溜冰，我跟你不一樣。

(2) 爲什麼

例如：我為什麼這麼聰明？

你為什麼這麼調皮？

他為什麼愛吃水果？

(3) 只是

例如：春天只是還沒有來。

我只是想問你過得好不好。

3.想像練習：如果

如果我是一片雲，我要在天空中愉快的旅行。

如果我是一條魚，我要在水裡不停的玩水。

如果我是爸爸，我要帶小朋友到處去玩。

四、教學資料庫

㈠習作解答參考答案

A本

【習作㈠】

1.（隻）2.（溜溜）3.（帶著）4.（游水）5.（不停）6.（玩耍）

【習作㈡】

1.（我是男生，你是女生，我跟你不一樣。）

2.（爲什麼你喜歡小狗呢？）

3.（他只是一個小孩子，怎麼會自己過馬路。）

B本

【習作㈠】

1.（泥巴中）（滾一滾）

2.（地上）（跳一跳）

3.（草原上）（跑一跑）

4.（臺上）（說一說）

5.（花園裡）（走一走）

【習作㈡】

1.（長長的）2.（玩耍）3.（神氣）4.（不一樣）5.（腳）

㈡補充資料

1.疊字詞：疊字詞大多是意義的加強。

例如：游一游。

滾一滾。

笑一笑。

看一看。

2.關於青蛙：

(1)蛙類屬於兩棲綱 Amphibia 的無尾目（Order Anura）。

(2)蛙的生活史：卵→蝌蚪→小蛙→成蛙。

(3)大部分的蛙類在晚上活動，而且主要棲息在陰暗潮濕離水不遠的地方，因為牠們的皮膚需要經常保持濕潤。

(4)青蛙的體型小，活動和擴散能力也較差，因此多半分布在溫暖的熱帶及亞熱帶地區。

三 我們是小草

一、聆聽與說話

(一)語文遊戲：小草和大樹

1.本遊戲是讓孩子靈活運用語詞造句。

2.比賽開始，由一組不斷推一名代表來表演，表演的人必須說：「小草會……」、「大樹會……」。

例如：小草會喝水。並加上動作增加趣味。

3.造句不可重複，造不出來的那一組算輸。

(二)看圖說話

以自由發表的方式，引導兒童用完整的句子表達自己的想法。

1.春天來了，小草和大樹正在做什麼？

2.大樹為什麼會冒出綠芽？

3.小草為什麼想跟大樹一樣高？

4.螢火蟲喜歡做什麼？蜻蜓喜歡做什麼？

5.小草後來為什麼高興的說「我們是小草」？

根據以上的問句，請兒童自由發表，並使用完整的句子，老師把最特別的好句子寫在黑板上，供小朋友欣賞。

(三) 概覽課文

1. 學生安靜看一遍課文。
2. 教師範讀一遍課文。
3. 教師領讀課文。
4. 兒童試讀課文（齊讀、分組讀、個別讀、輪流讀幾句都可）。
5. 兒童試說大意。

二、閱讀與識字

(一) 提出詞語

1. 兒童舉手提出本課詞語，教師補充並將所有詞語書寫在黑板上。
2. 教師範念後，再領念，並矯正發音，兒童可全體念、分組念、個別念。

(二) 詞義教學

1. **冒出**：長出或伸出。請兒童用表演的方式來說明。
2. **嫩綠**：植物新長出的葉子，顏色亮，淺淺的。可用實物說明。
3. **新芽**：植物剛長出來的葉芽。以實物舉例說明。
4. **歡呼**：因為高興或興奮所發出的聲音。可舉例說明，並請兒童表演。

5. **為什麼**：表示疑問的開頭語。請兒童用造句練習來說明。例：你為什麼不說話？

6. **螢火蟲**：昆蟲的一種，尾部會發光，以照片或圖片說明。

7. **燈籠**：古時候用來照明的器具，元宵節也用來慶祝節日。以實物說明。

8. **蜻蜓**：昆蟲的一種。喜歡在天空中飛行，也喜歡在水上飛行。用照片或圖片說明。

9. **跳舞**：一種運動形式，也是一種藝術表演活動。

10. **蝴蝶**：昆蟲的一種，身上的顏色很多，種類也多，牠的幼蟲是毛毛蟲，可用圖片或照片說明。

11. **顏色**：色彩。可用色圖並配合自然景物或昆蟲的色彩來說明。

(三) 字形教學

1. **習寫字：以食指書空練習，也可以讓小朋友上台試寫。**

春（日）部　才（手）部
冒（冂）部　本（木）部
嫩（女）部　螢（虫）部
芽（艸）部　火（火）部
興（臼）部　提（手）部
土（土）部　顏（頁）部
所（戶）部

2. **認讀字：**

籠（竹）部　蜓（虫）部

蜻（虫）部　牠（牛）部

3. 同部首的字：

蜻、蜓、螢：（虫）部

4. 和動作有關的詞：冒出、歡呼、提燈籠、跳舞

三、閱讀與寫作

(一)內容深究

就課文內容，引導兒童回答問題。

1. 春天來了，它和其他季節有什麼不一樣？
2. 大樹為什麼會冒出新芽？
3. 泥土和陽光為什麼會讓大樹長出新芽？
4. 你覺得小草和大樹有什麼不一樣？
5. 螢火蟲喜歡做什麼？蜻蜓喜歡做什麼？你喜歡做什麼？
6. 小草知道自己為什麼和大樹不一樣了嗎？為什麼？

(二)練習朗讀課文

1.老師領念課文。

2.將小朋友分成三組念（旁白、大樹、小草）。

3.鼓勵小朋友上臺念給大家聽。另外可以讓三人一組，依文中的三個角色交換並練習念課文。

㈢形式深究（僅供教師參考）

1.章法：

⑴本課文體是對話體的記敘文，由小草和大樹的對話，表現小草和大樹的不一樣。

⑵研討課文分段大意、全文大意：

分段大意：第一段：春天來了。

第二段：小草發現大樹冒出新芽，問大樹自己會不會長高。

第三段：大樹跟小草說明它們不一樣的原因。

全文大意：春天來了，小草發現大樹冒出新芽，自己也想長高，所以請教大樹，大樹告訴它每個生物都是不同的，都有自己的特性。

⑶結構分析：

全文
- 先說──第一段──春天來了
- 再說──第二段──小草的疑問
- 最後說──第三段──大樹的回答

⑷主旨：每個生物都會長大，活出自己的特色最重要。

2.句子練習：

(1)不跟……比

例如：小草不跟大樹比高。

蝴蝶不跟蜻蜓比速度。

我不跟小明比成績。

(2)本來就……

例如：我本來就不想來玩。

你本來就是我的好朋友。

媽媽本來就愛唱歌。

(3)會不會

例如：我會不會長得跟爸爸一樣高？

你到底會不會玩電腦？

明天不知道會不會下雨？

3.句子的延伸：

(1)歡呼

高聲的歡呼。

在海邊高聲的歡呼。

(2)新芽

冒出了新芽。

庭院的大樹冒出了新芽。

(3) 不一樣

有什麼不一樣？

星期一和星期日有什麼不一樣？

四、教學資料庫

(一) 語文活動三解答參考

第17頁【找一找，寫一寫】

有女部的字：（妙、媽、奶、姐、娘、始）

有木部的字：（李、栗、梨、林、樹）

有水部的字：（沙、湯）

有言部的字：（說、話、訴）

有土部的字：（地、坡）

(二) 習作解答參考

A本

【習作（一）】

1.（我不跟你比成績）

2.（他本來就喜歡唱歌）

3.（明天不知道會不會下雨）

【習作㈡】

1.（冒出新芽）（庭院的大樹冒出新芽）

2.（有什麼不一樣）（春天和夏天有什麼不一樣）

B本

【習作㈠】

1.（高高大大）

2.（平平安安）

3.（四四方方）

4.（高高興興）

5.（大大小小）

【習作㈡】

1.（燈籠）2.（輕聲）3.（跳舞）4.（嫩綠）（新芽）5.（歡呼）

㈢補充資料

1. 組合詞語：組合常用詞語可以產生新的意義。

比：比美、比賽、比較、比例。

冒：冒出、冒汗、冒險、冒充。

新：新聞、新芽、新生、新奇。

高：高聲、高級、高度、高興。

喜：喜歡、喜愛、喜悅、喜事。

跳：跳舞、跳水、跳動、跳出。

2. 兒歌：小草

小草，小草，真奇妙，

風兒吹，它不倒；

雨兒淋，它不怕，

小小蟲兒來作伴，

快樂又逍遙。

總說

第二單元 友誼

本單元以不同的角度描述友誼，引導兒童體會人與人，人與物之間的美好情誼。三課課文都分別有兩個主角，「一雙鞋子」中用擬人法將鞋子比喻成爸爸的好朋友，透出人與物之間的感情。「一對好朋友」則是敘述朋友之間能欣賞對方的愛好，由角色的一動一靜，呈現友誼的芬芳。「爬山」這一課由上下山的相遇，藉著鼓勵，呈現人與人之間的美好情誼。

教學上，可以從「一雙鞋子」，讓小朋友體會自己曾經喜歡的東西，說一說自己的感覺。也可以從「一對好朋友」，談談自己的好朋友喜歡做什麼事，最後從「爬山」中領會出互相鼓勵的溫暖。

四 一雙鞋子

教材說明

1. 本課是記敘文，由三段構成。先描述一雙鞋子的外形，再敘述爸爸穿著它去慢跑的情形。最後再次強調這一雙鞋是爸爸的好朋友。
2. 語文活動是字義的延伸認識，像斜有斜斜的用法之外，在「說一說」中加入斜對面的用法。「讀一讀」部分也是由生字造不同的詞，提供小朋友對生字更進一步的認識。
3. 語文活動的「選一選」，讓小朋友根據句子來判斷出正確的字，強化識字能力。

教學重點

1. 本課重要的句型是：……已經……

   ……也好……也好

   ……原來……

   ……總是……

2. 練習疊字詞的應用，本課疊字詞的形式是11 22的形式，如：來回變成來來回回，讓小朋友體會文字變化的樂趣。

教學建議

1. 「已經」是表示事情早就發生的意思，低年級的小朋友有時不太明白時間狀態，教師可以多舉幾個例子說明。
2. 補充資料庫有分辨相似字的說明，教師可以參考，也可以讓小朋友作比較的練習，增進學習的印象。

五 一對好朋友

教材說明

1. 本課是記敘文，一共分五小段，以兩人一靜一動的喜好互相襯托，再由發現對方喜好的樂趣，說明友誼之間的互相欣賞，互相悅納。
2. 在字形教學中，透過習作認識左中右結構的字，如：謝、腳二字。
3. 語文活動提出一字多音字的認識與應用，加深學習印象和造句能力。

教學重點

1. 本課有兩各重要句型……過來……過去
   把……投到……裡
2. 認字方面，以青作字根，加上不同的部首，用兒歌形式認識新字。
3. 相反詞語的認識。
4. 習作提供字謎活動，提高學習興趣。

教學建議

1. 補充資料中，提供猜一猜題目，教學時，可以適時提出練習。
2. 提醒小朋友，鬧字外圍不是門字，而是鬥字。
3. 教學時，可以兩人一組，將文中人名改成兩人的名字來念，也可以將課文中的活動改成小朋友的活動，更可以提高學習興趣。

六 爬山

教材說明

1. 本課以詩的方式呈現，一共有三段，藉由動態方式，從上山的辛苦，下山的輕鬆作對照，最後從相遇的加油聲作結束，彷佛有無限溫馨繞盪在山中。
2. 透過習作四幅圖，配合課文印象，寫出短語，加深學習印象。
3. 疊字和疊句是本課的特色，讀起來具有流暢性。

教學重點

1. 本課重要句型……好像在……（是猜測語氣）
   ……對……
2. 教學時可以從形式上，讓小朋友發現上下山的對照句型。
3. 練習語詞接龍，加強文字應用能力。
4. 部首的認識。

教學建議

1. 補充資料中提供童謠和繞口令，擴大學習範圍，增進學習樂趣，教學可以讓小朋友做個人比賽或是分組比賽。
2. 以抒情富有韻味的方式誦讀課文，體會詩中的含意。

四　一雙鞋子

一、聆聽與說話

(一)語文遊戲：支援前線

1.全班分三到四組進行比賽。

2.老師出題目，比賽哪一組最先完成。

3.題目以單、雙數目出現。取材以身上或周圍容易取得的物品為原則，例如：兩雙手、三雙眼睛、五枝筆、七支手錶、七隻手、九本書、六個鉛筆盒等。

4.比賽結果以完成最快、完成最多項者為勝。

＊遊戲備案：（交代學生事先準備）

(1)猜一猜盒子裡是什麼鞋。

(2)小朋友將帶來的鞋子放在盒子裡。

(3)輪流上臺讓大家猜（猜顏色、種類、多少錢等）。

(二)看圖說話

以提問方式，引導兒童觀察課文情境圖，引導兒童用完整的話回答。

1.在這一張圖裡你看到什麼？

2. 鞋櫃裡有什麼？
3. 鞋子是新的嗎？為什麼？
4. 誰穿著它去跑步？
5. 在哪裡跑步？
6. 這個跑步的人，跑得怎樣？

㈢概覽課文

1. 學生安靜看一遍課文。
2. 教師範讀一遍課文。
3. 教師領讀課文。
4. 兒童試讀課文（齊讀、分組讀、個別讀、輪流讀幾句都可）。
5. 兒童試說大意。

二、閱讀與識字

㈠提出詞語

1. 小朋友共同提出本課詞語，教師補充說明並將所有詞語書寫在黑板上。
2. 教師範念之後，再領念，並矯正發音。小朋友可全體念、分組念、個別念。

(二) 詞義教學：老師利用卡片，在比對或遊戲過程中，讓小朋友認讀生字。並且用各種示意法，讓小朋友了解句意。

1. **一雙**：量詞。舉實例說明，例如：雙手、雙腳，或是雙眼。
2. **鞋櫃**：放鞋子的家具。可以請小朋友介紹自己家的鞋櫃。
3. **鞋帶**：鞋子上的長條物。可以請小朋友看一看自己或他人的鞋帶。
4. **已經**：表示過去的意思。造句說明，例如：我已經九歲了、我已經吃過飯了。
5. **變形**：指和原來的形狀不一樣。
6. **斜斜的**：傾斜不正。
7. **陪著**：隨同作伴的意思。造句說明，例如：我陪著媽媽去買菜。
8. **到處**：每一個地方的意思。造句說明，例如：公園裡到處都是人。
9. **晴天**：天空雲很少或是沒有雲的好天氣。
10. **它**：指沒有生命的代名詞，如石頭或書本，再舉出人物的他來比較不同
11. **一圈**：量詞，計算環繞次數的單位。造句說明，例如：我在操場上跑一圈。
12. **滿身大汗**：全身都是汗的意思。請小朋友說一說自己滿身大汗的經驗。
13. **走廊**：屋外有頂蓋的走道。舉教室外的走廊說明。
14. **滿臉通紅**：整個臉都紅了。
15. **精神**：指心神狀態。造句說明，例如：睡飽了，精神好。生病了，精神不好。
16. **總是**：常常的、都這樣的意思。造句說明，例如：他見到人總是笑咪咪。

(三) 字形教學

1. **習寫字：小朋友以食指書空練習，也可以讓小朋友上臺練習試寫。**

雙（隹）部　圈（囗）部
經（糸）部　身（身）部
形（彡）部　汗（水）部
歪（止）部　廊（广）部
斜（斗）部　通（辵）部
晴（日）部　精（米）部
時（日）部

2. **認讀字：**

櫃（木）部　候（人）部
另（口）部　總（糸）部
陪（阜）部

三、閱讀與寫作

(一)內容深究：引導兒童就課文內容回答問題。

1. 鞋櫃裡放了什麼？
2. 這雙鞋子是誰的？
3. 鞋子有什麼改變？
4. 為什麼鞋帶會變黃？
5. 鞋底為什麼會變形？
6. 爸爸穿著它做什麼？
7. 爸爸都是什麼時候去跑步？
8. 晴天爸爸在哪裡跑？雨天在哪裡跑？
9. 爸爸為什麼要一圈一圈的跑、來來回回的跑？
10. 爸爸跑完步，身體變怎樣？
11. 爸爸為什麼會說：「跑一跑精神好？」(自由發表)

(二)練習朗讀課文

1. 老師領念課文。

2. 指定小朋友念、分組念。

3. 鼓勵小朋友回家念給家人聽或是和家人一起念，並給予機會上臺念。

(三) 形式深究（僅供教師參考）

1. 章法：

(1)本課是記敘文。用擬人法將鞋子比喻成爸爸的好朋友，陪著爸爸跑步，透出人與物之間的情感。

(2)研討課文分段大意及全文大意：

分段大意：第一段：鞋櫃有一雙鞋子。

第二段：爸爸跑步的情形。

第三段：不論什麼天氣，爸爸都喜歡穿這雙鞋去跑步。

全文大意：爸爸有一雙綠色運動鞋，晴天穿它去跑步，雨天也穿它去跑步，不論什麼天氣，爸爸都喜歡穿這一雙鞋去跑步。

(3)結構分析：

全文
- 先說——第一段——一雙綠色的鞋。
- 再說——第二段——爸爸穿鞋子去跑步的情形。
- 最後說——第三段——呼應第二段，再次強調爸爸喜歡這一雙鞋子。

(4)主旨：一雙鞋子就像好朋友，跟著好朋友跑一跑真快樂。

2. 句子練習：

(1) ……已經……（表示事情早就發生的意思）

例如：鞋子的鞋帶已經變黃了。

爸爸已經回家了。

水果已經買了。

樹葉已經變黃了。

哥哥已經讀中學了。

(2) ……也好，……也好（表示兩種狀況）

例如：晴天也好，雨天也好

紅的也好，白的也好

今天也好，明天也好

(3) ……原來……（表示一種發現的感覺）

例如：原來這一雙鞋子是爸爸的好朋友。

原來你早就吃飽了。

我原來是不去上學的。

(4) ……總是……

例如：爸爸總是喜歡跟著好朋友跑一跑。

妹妹總是喜歡和弟弟去公園玩。

3. 詞語練習：

來來回回

說明：疊字詞1122形式的練習，可以從動作思考。可讓學生讀一讀比較不同的感覺。

例如：走、停，成為走走停停。

推、拉，成為推推拉拉。

四、教學資料庫

㈠語文活動四解答參考

第24頁【選一選】

1.（晴）2.（精）3.（斜斜）4.（櫃）5.（經）6.（形）

㈡習作解答參考

A本

【習作㈠】

（陪著）（眞有趣或頭腦好或其他答案）。

【習作㈡】

請學生練習念念看。

B本

【習作㈠】

（汗）（泥巴）（水）（禮物）（星星）（人）

【習作㈡】

1.（原來）2.（原來）3.（原來）4.（原來）（已經）5.（原來）6.（已經）7.（已經）

㈢補充資料

1. 新鞋的笑話：

小王買了一張新床，他為了向別人炫燿，只好裝病躺在床上，他的朋友大王最近也買了新鞋，他來看小王時，就故意把一雙新鞋抬得高高的，小王看了，笑咪咪的說：「看來我們兩人的病是一樣的。」

2. 猜一猜：

⑴月下散步——猜一句成語（形影不離）

⑵我是阿斗——猜一字（斜）

⑶四角方方一塊布，裡面藏考卷。——猜一字（圈）

3. 唱詩歌：

吃自己的飯，流自己的汗，靠人靠天不是男子漢。

4. 分辨相似的字：

⑴晴和睛：容易混淆，強調晴天有日，睛是目部。

⑵形和型：也容易混淆，形是形體或形狀；型是模型或類型。

(3)經和輕：差別在部首，一個是糸部，一個是車部。
(4)陪和部：部首一個是阜部，一個是邑部。

5. 俏皮話：
(1)救火車遇紅燈——通行無阻。
(2)衣是新的好，人是舊的好。

6. 廣西兒歌：
一條帶，
二條帶，
請你姑娘坐轎來。
大姐不來二姐來，
二姐不來三姐來，
大家歡喜坐一排。

7. 唐詩：風／李嶠
解落三秋葉，能開二月花，過江千尺浪，入竹萬竿斜（斜讀「俠」音）。

五 一對好朋友

一、聆聽與說話

(一)語文遊戲：祝你生日快樂

1.老師提問當天或是當周、當月生日的有哪些人？

2.壽星上臺，大家為他唱生日快樂歌英文版、中文版、當地語言版，各唱幾次。

3.請壽星許願。

4.同學和老師的祝福，老師先示範說一次。

(二)看圖說話：以提問方式，引導兒童觀察課文情境圖，引導兒童用完整的話回答。

1.這一張圖裡有幾個人？

2.圖裡的人在做什麼？

3.有幾個人一起打球嗎？

4.有幾個人一起散步？

5.這兩個人是好朋友嗎？為什麼？

6.你會跟好朋友去散步或是打球嗎？

7.你的好朋友會陪你做什麼事？

(三) 概覽課文

1. 學生安靜看一遍課文。
2. 教師範讀一遍課文。
3. 教師領讀課文。
4. 兒童試讀課文（齊讀、分組讀、個別讀、輪流讀幾句都可）。
5. 兒童試說大意。

二、閱讀與識字

(一) 提出詞語

1. 兒童舉手提出本課詞語，教師補充並將所有詞語書寫在黑板上。
2. 教師範念後，再領念，並矯正發音，兒童可全體念、分組念、個別念。

(二) 詞義教學

老師用各種示意法，讓小朋友了解詞語或句意。

1. **一對**：兩個同樣的物品或是動物。例如：一對眼睛、一對小鳥。
2. **熱鬧**：不安靜或是聲音很吵的地方。舉市場或車站為例說明。
3. **移動**：改變位置。可以請小朋友起立，往左或往右移動。

4. **腳步**：走路時兩腳之間的距離。請小朋友起來走一走，觀察腳步的大小。

5. **轉身**：變換身體的方向。老師示範轉身的動作。

6. **投進**：朝一個目標扔過去。造句說明，例如：我把信投進信箱。

7. **籃框**：籃球要投進的地方。

8. **安靜**：沒有聲音的意思。可以讓全班試著安靜一下。

9. **慢慢的**：快的相反。以走路或說話表演快和慢的不同狀態，做為比較。

10. **抬頭**：頭仰起的意思。請小朋友做一次抬頭的動作。

11. **教**：把技術或才能傳授給別人。造句說明，例如：老師教我們唱歌。或是請小朋友發表誰教他學什麼。

12. **有趣**：很好玩的。造句說明，例如：電視節目真有趣。

13. **不錯**：不壞的。造句說明，例如：你的字寫得真不錯。

14. **謝謝**：感恩的意思。同意思的有感謝、道謝等。

(三) 字形教學

1. **習寫字：以食指書空練習，也可以讓小朋友上臺試寫。**

鬧（鬥）部　慢（心）部

移（禾）部　抬（手）部

動（力）部　教（攴）部

轉（車）部　趣（走）部

投（手）部　錯（金）部

框（木）部　謝（言）部

2. **認讀字：**

砰（石）部　靜（青）部

籃（竹）部

3. **腳、趣、謝由三部分組成，加上已經教過的樹、做、嫩、游，可以一併與小朋友探討字形的結構。**

三、閱讀與寫作

(一) 內容深究

引導兒童就課文內容回答問題。

1. 誰和誰是好朋友？
2. 多多喜歡做什麼？
3. 亮亮喜歡做什麼？
4. 多多打球有什麼動作？
5. 亮亮散步時會做什麼事？
6. 亮亮生日這一天，多多陪他做什麼？

7. 亮亮覺得怎麼樣？
8. 多多生日這一天，亮亮陪他做什麼？
9. 多多覺得怎麼樣？
10. 第一段和最後一段什麼地方一樣？什麼地方不一樣？為什麼？
11. 你的好朋友生日時，你會陪他做什麼？

㈡ 練習朗讀課文

1. 老師領念課文。
2. 指定小朋友念、分組念。
3. 鼓勵小朋友回家念給家人聽或是和家人一起念，並給予機會上臺念。

㈢ 形式深究（僅供教師參考）

1. 章法：

⑴本課文體是記敘文，一共分五段，由角色的一動一靜，呈現友誼之間的快樂分享。

⑵研討課文分段大意及全文大意：

分段大意：第一段：多多和亮亮是好朋友。

第二段：多多喜歡打球。

第三段：亮亮喜歡散步。

第四段：亮亮生日時，多多教他打球；多多生日時，亮亮陪他散步。

第五段：他們真是一對好朋友。

全文大意：多多和亮亮是好朋友，亮亮生日時，多多教他打球；多多生日時，亮亮陪他去散步。

(3)結構分析：

全文
- 總說
  - 第一段——多多和亮亮是一對好朋友。
- 分說
  - 第二段——多多喜歡打球。
  - 第三段——亮亮喜歡散步。
  - 第四段——亮亮生日時，多多教他打球；多多生日時，亮亮陪他散步。
- 總說
  - 第五段——呼應第一段，又一次說明兩人是好朋友。

(4)主旨：好朋友之間要互相分享運動的樂趣。

2.句子練習：

(1) ……過來，……過去

例如：走過來，走過去。

跑過來，跑過去。

溜過來，溜過去。

游過來，游過去。

轉過來，轉過去。

(2) 把……投到……裡

說明：把東西用一個動作，放到一個地方。

例如：把球投到籃框裡。

把球拍掛在椅子上。

把菜提到桌子上。

把牛拉到樹底下。

把奶奶扶到車子裡。

3. 詞語練習：

意思相反的詞：本課有幾個意思相反的字詞，例如：左和右、安靜和熱鬧等。

四、教學資料庫

(一) 語文活動五解答參考

第31頁【讀一讀】

（右邊）（有趣）

第31頁【選一選，再說一說】

（掛）（提）（拉）（扶）

（部首都是手部。）

㈡ 習作解答參考

A本

【習作㈠】

（走）（走）（游）（游）（拿）（拿）

【習作㈡】

（身）（又）（壴）（卪）

【習作㈢】

1.（一起玩）2.（還要再來）

B本

【習作㈠】

1.（6）2.（4）3.（5）4.（2）5.（1）6.（3）7.（7）

【習作㈡】

1.（對）2.（框）3.（步）4.（熱）5.（慢）6.（抬）

㈢ 補充資料

1. 慢字的笑話：

放學時忽然下大雨了，大家都急著要回家。只有小明不但沒撐傘，還慢吞吞的走。別的小朋友催他快一點走，他說：「急什麼，反正前面也下著大雨。」

2. 相似的字：

籃和藍不一樣，一個是竹部，像花籃、搖籃；藍是草部，像是藍色或是當做姓氏。

3. 猜一猜：

(1)一個西瓜十人搶它，搶了它又扔了它——猜一種球類（籃球）

(2)木字多一撇，莫把禾字猜——猜一字（移）

(3)樹木長歪了，也要匡正——猜一字（框）

(4)學生專車——猜一字（轉）

(5)丁先生的手——猜一字（打）

(6)哪些東西會有框？（如眼鏡）

(7)除了打球以外，人的手還可以打什麼？（如打電話）

4. 唱詩歌：

又會哭，又會笑，三隻黃狗來抬轎；

一抬抬到城隍廟，城隍菩薩看見哈哈笑。

5. 俏皮話：

花轎抬人——人抬人。形容兩人互相稱讚的意思。

6. 詩：

(1)題驢飲水圖／明．吳偉（七歲作）

白頭一老子，騎驢去飲水，岸上蹄踏蹄，水中嘴對嘴。

(2)對花／唐・于濆

花開蝶滿枝，花謝蝶影稀，唯有舊巢燕，主人貧亦歸。

六 爬山

一、聆聽與說話

㈠語文遊戲：比一比，念一念

內容提要（括弧內為動作說明）

⑴高高山上有人家，（手掌指尖相抵，比出山形。）
⑵家家的房子都很大；（雙手伸平兩側搖動。）
⑶老公公老公公捶捶背，（比出捶背的樣子。）
⑷老婆婆老婆婆洗洗臉。（比出洗臉的樣子。）
⑸你家小貓三隻腳，（單腳跳三下。）
⑹我家小狗沒尾巴。（搖屁股。）

㈡看圖說話

以提問方式，引導兒童觀察課文情境圖，引導兒童用完整的話回答。

1. 這一張圖裡有什麼景色嗎？
2. 圖裡有幾個人？
3. 誰要去爬山？

4.誰要下山？

5.上山的路好不好走？為什麼？

6.下山的路好不好走？為什麼？

7.小男孩和小女孩在哪裡遇見？

㈢概覽課文

1.學生安靜看一遍課文。

2.教師範讀一遍課文。

3.教師領讀課文。

4.兒童試讀課文（齊讀、分組讀、個別讀、輪流讀幾句都可）。

5.兒童試說大意。

二、閱讀與識字

㈠提出詞語

1.兒童舉手提出本課詞語，教師補充並將所有詞語書寫在黑板上。

2.教師範念後，再領念，並矯正發音，兒童可全體念、分組念、個別念。

(二)詞義教學

老師用各種示意法，讓小朋友了解詞語或句意。

1. **靜靜的**：沒有聲音的意思。
2. **男孩**：男生的意思。老師以實際班上學生說明男孩或女孩。
3. **一階**：老師畫圖表示。可以實際踩上講台說明一階的意思。
4. **往上**：向上的意思。
5. **擦擦汗**：把汗抹擦掉的意思。請小朋友表演擦汗的樣子。
6. **捶捶腿**：用手或是棒子輕輕敲打。請小朋友表演捶捶腿的樣子。
7. **吹吹風**：風輕吹在身上的意思。
8. **相遇**：遇到的意思。造句說明，例如：上學時，我在路上遇到老師。
9. **相看一眼**：互相看一眼的意思。讓小朋友表演相看一眼的樣子。
10. **加油**：鼓勵人再努力的意思。

(三)字形教學

1. **習寫字：以食指書空練習，也可以讓小朋友上臺試寫。**

靜（青）部　吹（口）部

男（田）部　相（木）部

階（阜）部　遇（辵）部

往（彳）部　眼（目）部

擦（手）部　加（力）部

捶（手）部　油（水）部

三、閱讀與寫作

(一)內容深究

引導兒童就課文內容回答問題。

1. 這座山是站著還是躺著？可以說躺著嗎？為什麼？
2. 小男孩說什麼？為什麼要說兩次？
3. 山怎麼回答？
4. 小男孩怎麼爬上去？
5. 往上爬的時候，小男孩做了什麼事？
6. 小男孩怕累嗎？
7. 小女孩是要上山還是下山？
8. 小女孩跟山說什麼？為什麼要說兩次？
9. 往下走的時候，小女孩做了什麼事？
10. 為什麼小女孩會這樣做？

11. 小男孩、小女孩在哪裡相遇？
12. 誰跟誰說加油加油？
13. 女孩為什麼對著男孩說加油？為什麼要說兩次加油？

(二) 練習朗讀課文

1. 老師領念課文。
2. 指定小朋友念、分組念。
3. 鼓勵小朋友回家念給家人聽或是和家人一起念，並給予機會上臺念。

(三) 形式深究（僅供教師參考）

1. 章法：

(1) 本課文體是以詩的方式呈現，一共分三段，一、二段形式相同，由上山下山的相遇，藉著鼓勵，呈現人與人之間的美好情意。

(2) 研討課文分段大意及全文大意：

分段大意：第一段：小男孩爬東邊的山，他不怕累。
第二段：小女孩從東邊的山下來。
第三段：兩人在半路上相遇，小女孩為小男孩加油。

全文大意：小男孩要上山，小女孩要下山，他們在半路上相遇，小女孩為小男孩加油。

(3)結構分析：

全文
- 分說——第一段——小男孩努力的上山。
- 分說——小女孩輕鬆的下山。
- 總說——兩人在半山上相遇，小女孩為小男孩加油。

(4)主旨：人與人之間互相鼓勵，是一件美好的事。

2.句子練習：

(1) ……好像在……（一種猜測的狀況）

例如：山好像在說加油！加油！

媽媽好像在摺衣服。

老師好像在說故事。

(2) ……對……

例如：女孩對男孩說：加油。

哥哥對我說：睡覺了。

爺爺對姐姐說：幫我捶捶背。

3.對比的句子：本課有幾個對比的句子：

例如：小男孩一階一階往上爬

小女孩一步一步往下走。

3.詞語練習：

(1)疊句：

歡迎，歡迎。

再見，再見。

不怕累，不怕累。

我要去找你，我要去找你。

我會再來找你，我會再來找你。

說明：相同的句子重複出現二次，有強調的意思。

(2)疊字詞：

本課出現的有：擦擦汗、捶捶腿、吹吹風、唱唱歌、點點頭。

說明：動作加名詞。

例如：畫畫圖、洗洗臉、玩玩水、動動手。

四、教學資料庫

(一)語文活動六解答參考

第35頁【連一連】

1.客人來我家，我會說

2.哥哥參加比賽，我會說

下次再來，下次再來。

歡迎！歡迎！

3. 同學幫我拿東西，我會說

4. 客人要回去，我會說

5. 不小心撞倒人，我會說

6. 爬到半山走不動了，我會說

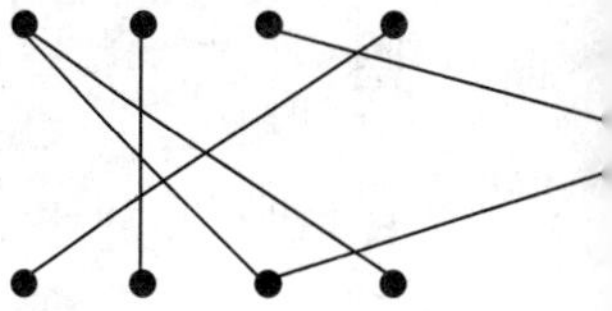

好累！好累！

加油！加油！

對不起，對不起。

謝謝，謝謝。

第36頁【讀一讀，再寫一寫】

（「你長得真小。」）

（「我並不小。」）

第37頁【選一選，再讀一讀】

1.（玩玩）2.（擦擦）3.（捶捶）4.（吹吹）5.（洗洗）6.（畫畫）

㈡ 習作解答參考

A本

【習作㈠】

1.（果汁）2.（生氣）3.（面子）4.（奶油）5.（明天）6.（回家）7.（地方）

【習作㈡】

學生自由練習。

B本

【習作㈠】

1.（捶）（擦）（投）（抬）2.（吹）（喝）（台）（喊）3.（油）（泥）（汗）（池）

【習作㈡】

1.（2）（1）（5）（4）（3）或（2）（4）（3）（1）（5）

2.（2）（4）（1）（3）

【習作㈢】

1.（一階一階）2.（擦擦汗）（捶捶腿）3.（一階一階）4.（加油！加油！）或（快到了！快到了！）

㈢補充資料

1. 與山有關的童謠：

⑴山歌不唱忘記多

山歌不唱忘記多，大路不走草成窩；

快刀不磨黃鏽起，身子不挺背要駝。

⑵對山歌

你的山歌沒得我的山歌多，

我的山歌牛毛多，

唱了三年三個月，還沒唱完牛耳朵。

2. 猜一猜：

⑴嘴上無毛，嘴下八字鬍—猜一個字（只）

⑵口字加兩筆會變成什麼字？（只、叫、句、台、叭、古、右）

3. 小笑話：

小明和妹妹吵架，媽媽打了每人兩下。小明不服氣的說：「不公平，媽媽打妹妹打得比較輕。」妹妹趕緊說：「媽媽重男輕女嘛！」

4. 繞口令：

六十六頭牛，馱著六十六個簍，六十六個簍，裝滿六十六斤油。老牛扭著走，油簍漏了油。猜一猜六十六頭牛馱的六十六個簍裡，還有多少油。

5. 詩：

⑴竹石／清．鄭燮

咬定青山不放鬆，立根原在破岩中，千磨萬擊還堅韌，任爾東西南北風。

⑵絕句／宋．釋志南

古木蔭中繫短篷，杖藜扶我過橋東，沾衣欲濕杏花雨，吹面不寒楊柳風。

總說

第三單元 應變

本單元主題是「應變」，應變能力的培養是非常重要的。能培養孩子在生活當中遇到困難或問題時，能先保持一顆冷靜的心，再決定解決的方式，是可以消除危機，甚至還可以使「危機」有了「轉機」。三課課文的文體有記敘文，有應用文。人物有人，也有動物，讓兒童不僅讀出趣味性，更能認識應變能力的重要。

第七課「聰明的小貓」，是一篇記敘文，主角是一隻貓，她為了保護自己的孩子，不僅發揮母愛，更表現了機智，把狡猾的野狼騙到老虎的家。第八課「愉快的午餐」，是一篇記敘文，記敘吃午餐時，弟弟爬上餐桌上，眼看就要摔下去，因為小平處理得當，才能使午餐仍是一頓「愉快」的午餐。

第九課「精彩的演出」，是一篇日記。孩子在寫日記中，把他和媽媽一起到公園看戲的情形寫下來，尤其是戲中人物「鎮定」和「機智」的演出，讓孩子印象深刻，也學到寶貴的一課。

七 聰明的山貓	
教材說明	1. 是一記敘文，以時間為開頭，把整個情節逐漸發展出來。 2. 「結尾」提供給兒童思考的空間，野狼是聰明反被聰明誤。 3. 在語文活動七中的「說一說」，仍提供兒童在生活當中，遇到困難時，能想辦法解決。
教學重點	1. 能培養兒童在生活當中，具有應變的能力。 2. 指導兒童能在句子中加進形容詞，使句子更吸引人，如：山貓太太有五個孩子→山貓太太有五個（可愛的）孩子，加入了（可愛的），句子就顯得生動。 3. 指導兒童學習使用單位量詞。 4. 學習本課中轉折句「……卻……」的使用方式。
教學建議	1. 讓兒童蒐集「野狼」或「山貓」的圖片。來布置教室或當演戲的「面具」。能引起兒童學習本課動機和興趣。 2. 可以用「角色扮演」的方式，讓兒童熟悉課文，進而加強學習效果。

八　愉快的午餐

教材說明	教學重點	教學建議
1.本文是一篇敘事的記敘文，在開頭就寫出用餐的時間、地點和人物，使事件的發展又清楚，又有條理。 2.語文活動五「說一說」的對話，內容是引用「小紅帽的教事」，讓兒童熟悉這個童話，更體會「應變」能力的重要。	1.能掌握寫記敘文的要素：時間、地點、人物、事件起因、經過、結果。 2.讓兒童學習「臉色發青」、「平安無事」等四字詞語，使句子活潑，富有變化。 3.讓兒童學習用「形容詞」修飾名詞，如愉快的午餐。 4.學習「先……再……」承接句的用法，使句子更有條理。	1.「鋪好」和「擺好」的用法和區分。 2.引導兒童說出曾在生活當中發生過什麼「危險」的事，可讓兒童上台作經驗分享，是很好的隨機教育，使課文中的教材能和生活結合在一起。

九　精彩的演出

教材說明	教學重點	教學建議
1.本文是一篇日記，作者把當天看戲時，演員能夠應變的情形記下來。 2.寫作的過程是依事情發生的經過，採順序方式描述。內容完全配合主題，把「應變」表達出來。	1.讓兒童了解本課的寫作大綱及全文大意。 2.指導兒童寫日記的格式及重點。 3.並列句「一邊……一邊……」和遞進句「不但……還……」的練習，加強兒童造句的能力。 4.日記通常是記當天所發生的事情，而且是用第一人稱來敘述。	1.句型的練習，須反覆的練習，有時用分組練習，有時用個別練習，進步才會看得見。 2.遞進句的教學，要注意後面分句的意思，要比前面分句的意思更進一層。

七 聰明的山貓

一、聆聽與說話

(一)語文遊戲：野狼捉山貓

目的：了解山貓和野狼的個性，並且會說完整的話。

1.讓小朋友分組玩這個遊戲，每組推選一名小朋友當「野狼」，其餘的小朋友當「山貓」。

2.當「野狼」的小朋友，眼睛用手帕蒙起來，站在圓圈當中，嘴裡說著：「我是一隻大野狼，我的肚子餓了，我要找一隻山貓吃。」說完這些話，本來移動的圓圈靜止了。

3.當「野狼」的小朋友開始找「山貓」，當他找到一隻「山貓」時，他要說出對方的名字，這時，雙方會有一些對話，如「野狼」說：「你的臉圓圓的，你坐在第二排第一個位置。」「山貓」說：「不！我的臉大大的，我坐在第二排最後一個位置。」

4.如果「野狼」說錯對方的名字，那只好再當野狼。如果猜對了，那就換對方當「野狼」了。

5.在這遊戲當中，孩子必須注意聆聽，同時思考說什麼話，才能探索對方或阻止對方。玩過遊戲之後，老師再導入本課，進行教學活動。

(二)看圖說話

老師讓小朋友觀察課本內的情境圖，可以分組討論，也可以在師生共同討論中，使小朋友達到「聆聽、說話、思考」的基本能力。

1. 在圖中，你看到哪些人物？
2. 山貓太太在河邊要做什麼？
3. 山貓在哪裡遇到野狼？
4. 野狼想到山貓家做什麼？
5. 山貓告訴野狼的地點，是她的家嗎？

(三) 概覽課文

1. 小朋友先安靜讀一遍課文。
2. 老師範讀一遍課文。
3. 教師領讀課文。
4. 小朋友試讀課文（齊讀、分組讀、個別讀、輪流讀均可）。
5. 讀熟之後，再加強對話的練習，再試說大意。

二、閱讀與識字

(一) 提出詞語

1. 小朋友共同提出本課詞語，教師補充說明並將所有詞語書寫在黑板上。

2. 教師範念之後，再領念，並矯正發音。小朋友可全體念、分組念、個別念。

(二) 詞義教學：老師利用卡片，在比對或遊戲過程中，讓小朋友認讀生字。並且用各種示意法，讓小朋友了解句意。

1. **清早**：天亮時。造句說明：天亮時，有幾隻麻雀就在樹上吱吱喳喳的叫著。
2. **野狼**：哺乳動物食肉類，形狀像狗，身體較瘦，毛灰色或黃色，性兇惡，可用圖片說明。
3. **一些**：一點點，如一些。造句說明，例如：我要買一些糖果吃。
4. **覺得**：感受到的意思。造句說明，例如：我覺得要努力，因為天下沒有白吃的午餐。
5. **很肥**：肥是胖的意思，很肥是指身上有許多肉。造句說明，例如：他一天到晚吃東西，身體變得很肥。
6. **一定**：很肯定，不可變動。造句說明，例如：「明天是我的生日，安安，你一定要來吃蛋糕。」
7. **毛線**：可以用來織成毛衣的線。可用圖片說明。
8. **內**：裡面，如門內。造句說明，例如：你房間內的東西都收拾得很乾淨。
9. **種**：把植物或種子埋入土中，使它生長。如種菜。（種，念ㄓㄨㄥˇ，人的類別，如黃種人。）
10. **美麗**：好看的意思。造句說明，例如：姐姐把頭髮留長了，變得好美麗。
11. **嚇得**：害怕。造句說明，例如：弟弟看到一條小蛇，嚇得哇哇大叫。
12. **似的**：有「是的」的意思。造句說明，例如：看他的樣子，好像有事似的。
13. **奇怪**：指不常見的事。造句說明，例如：他的樣子好奇怪，不知道發生了什麼事？

(三) 字形教學

1. 習寫字：小朋友以食指書空練習，也可以讓小朋友上台練習試寫。

清（水）部　毛（毛）部

野（里）部　線（糸）部

狼（犬）部　內（入）部

些（二）部　種（禾）部

怪（心）部　似（人）部

定（宀）部　卻（卩）部

肥（肉）部

2. 認讀字：

聽（耳）部　覺（見）部

貓（豸）部　陣（阜）部

條（人）部　嚇（口）部

流（水）部

三、閱讀與寫作

(一) 內容深究

引導小朋友回答問題

1. 這篇文章是發生在什麼時候？主角有哪些？
2. 這篇文章的開頭是用什麼來開頭？
3. 野狼為什麼要去山貓家？
4. 山貓如何對付野狼？
5. 你會說一說野狼的個性嗎？
6. 山貓對付野狼的方法，你覺得好嗎？
7. 能說一說在生活中，你發揮應變的能力好嗎？

(二)練習朗讀課文

1. 本課課文可用全班朗讀方式進行，讓每個小朋友都有閱讀機會。
2. 由一個小組或哪一排的小朋友，來擔任山貓或野狼的角色，並能用心揣摩課文中角色的心情，如「野狼說著，口水都快流出來了。」可以用誇張的聲音把情節表達出來。又如「山貓太太很高興的說」，語氣充滿喜悅，似乎一點防備都沒有。
3. 當然，擔任山貓或野狼的角色，可以輪流更換，方式多變化，讓小朋友有參與感，並引起閱讀的興趣。

(三)形式深究（僅供教師參考）

1. 章法：

(1)本課文體是一篇記敘文。是用「時間」來開頭，情節交代非常清楚。在對話當中，野狼和山貓所說的話，都有「弦外之音」，讓小朋友細細體會，到了結尾，才引出自以為聰明的野狼上當了。

(2)研討課文分段大意及全文大意：

分段大意：第一段：大清早，山貓和野狼在小河邊相遇。
第二段：野狼知道山貓有孩子，問山貓的家在哪裡。
第三段：山貓告訴野狼，她的家在一個山洞裡。
第四段：野狼發現山貓說的地方，竟然是老虎的家。

全文大意：大清早，山貓遇到野狼，野狼想到山貓的家，吃掉她的孩子。山貓告訴野狼的地方卻是老虎的家，把野狼嚇跑了。

(3)結構分析：

全文
- 時間——大清早。
- 地點——小河邊。
- 人物——山貓、野狼。
- 事情經過
  - a.野狼想吃山貓的孩子，於是問山貓家住在哪裡。
  - b.山貓好像不知道野狼的企圖，把住的地方，很高興也很仔細的告訴野狼。
- 結果——野狼上當了。

(4)主旨：有應變的能力，才能把危機中的「危險」去掉，而把「機會」留給自己。

2.句子練習：

(1) ……一定……

原文：你的孩子一定長得很肥。

練習：你一定要多看書，才能把文章寫好。

(2) ……卻……

原文：野狼沒看見五隻小貓，卻看見大老虎。

練習：今天早上是大晴天，到了下午卻下雨了。

3. 譬喻修辭：好像

原文：他們是長得很可愛，好像一個個毛線球。

練習：許多葉子掉在水裡，好像一隻隻的小船。

原文：野狼聽了，好像一陣風似的跑開了。

練習：弟弟看見媽媽拿著棍子，好像一陣風似的跑開了。

四、教學資料庫

(一)語文活動七解答參考

第42頁【比一比】

1. 多了形容詞「快樂」，2. 加了地點「花園裡」，3. 多了形容詞「很可愛」。

第43頁【造句練習】

（他很用功讀書，卻不知道讀書的方法。）

（他個子小小的，力氣卻很大。）

(二) 習作解答參考

A本

【習作(一)】

（長久）（成長）（種花）（種子）

【習作(二)】

3.（野狼想吃掉山貓的孩子。）4.（野狼找到的地方是老虎的家）。

B本

【習作(一)】

1.（獅）2.（晴）（暗）（晒）

【習作(二)】

1.（的）2.（得）3.（的）4.（得）5.（的）6.（的）

(三) 補充資料：擴句練習

1. 山貓→一隻山貓→一隻可愛的山貓→我有一隻可愛的山貓。
2. 野狼→一隻野狼→一隻可怕的野狼→山上有一隻可怕的野狼。
3. 小魚→一條小魚→一條金色的小魚→河裡有一條金色的小魚。
4. 山洞→一個山洞→一個黑黑的山洞→一個黑黑長長的山洞。

八 愉快的午餐

一、聆聽與說話

(一)語文遊戲·我的午餐在哪裡

目的：老師跟小朋友玩「我的午餐在哪裡」的遊戲，可以知道小朋友喜歡吃的食物，增進彼此之間的感情。

1.老師以一個小球或一個玩具，做為傳遞的工具。老師說：「我的午餐在哪裡？」

2.全班小朋友一起說：「在這裡！在這裡！」說到最後一個「裡」字，小球或玩具傳到哪一個小朋友，那一個小朋友就要站起來說：「我的午餐在這裡，有牛排和青菜。」

3.接到球的小朋友，必須站起來介紹他的午餐，當然，每個小朋友想吃的午餐都不一樣，可以讓小朋友發揮他的創意，同時也要注意聆聽別人的午餐，才不會說同樣的內容。

4.不會說的小朋友，老師可以讓他模仿別的小朋友說，也鼓勵他，使他有信心開口說話。

5.最後由老師或小朋友講評，認為哪個小朋友說的午餐最好吃，最有營養。老師把握小朋友學習興趣，再進到本課內容。

(二)看圖說話

老師讓小朋友觀察課本內的情境圖，可以分組討論，也可以在師生共同討論中，使小朋友達到「聆聽、說話、思考」的基本能力。

1. 在圖中，你看到哪些人物？
2. 是誰爬到餐桌上去？
3. 小平做了什麼事情，弟弟才沒有摔下去？
4. 你對小平的表現有什麼感想？

(三) 概覽課文

1. 小朋友再把課文情境圖看一遍。
2. 教師範讀一遍課文。
3. 老師再領讀課文一遍。
4. 小朋友試讀課文（齊讀、分組讀、個別讀）。
5. 小朋友試說全課大意。

二、閱讀與識字

(一) 提出詞語

1. 小朋友共同提出本課詞語，教師補充說明並將所有詞語書寫在黑板上。
2. 教師範念之後，再領念，並矯正發音。小朋友可以全體讀、分組讀、個別讀。

(二) 詞義教學：老師用各種示意法，讓小朋友了解語詞或句意。

1. **小平**：書中人物名，男生，約八歲。
2. **準備**：事前有這個想法或計畫。造句說明：例如：星期天我準備和家人去爬山。
3. **擺**：擺是放好或陳列的意思。
4. **鋪**：張開的意思。老師可以拿一張報紙做鋪在地上的動作。造句說明，例如：他在桌上鋪了一張紙，才開始吃便當。
5. **餐巾**：鋪在餐桌上的布，可用圖片說明。造句說明，例如：媽媽從市場買了一條大餐桌回家。
6. **搬出來**：把東西從裡面移到外面，可用動作示意說明。造句說明，例如：太陽出來了，媽媽趕快把被子搬出來曬一曬。
7. **碗盤**：指碗和盤子。碗是吃飯時的器具，可以裝飯和湯。盤子是指盛菜用的，大的是盤子，小的是碟子。
8. **摔**：跌的意思。
9. **立刻**：馬上的意思，造句說明：上課了，同學立刻跑進教室。
10. **抱**：用手圍著東西，老師可用動作說明，請小朋友上臺「抱住」一本書。
11. **由於**：表示原因或理由，造句說明：由於他平日很用功，所以這次考試的成績進步很多。
12. **機智**：有應變的能力。造句說明，例如：由於山貓太太的機智，才使她的孩子平安無事。
13. **使**：有讓、令的意思。造句說明：弟弟說了一個笑話，使爸爸、媽媽笑得闔不上嘴。

14. **平安無事**：很安全，沒有事情發生。造句說明，例如：這次校外教學，大家都平安無事的回來了。

15. **無**：沒有，「有」的相反。不明白事理，如無知。

16. **愉快**：心裡覺得很快樂。造句說明，例如：今天得到老師的讚美，我覺得很愉快。

(三) 字形教學

1. **習寫字：以食指書空練習，也可以讓小朋友上台試寫。**

愉(心)部　刻(刀)部
準(水)部　抱(手)部
備(人)部　由(田)部
擺(手)部　智(日)部
巾(巾)部　使(人)部
搬(手)部　無(火)部

2. **認讀字：**

餐(食)部　捧(手)部
鋪(金)部　瓶(瓦)部
歲(止)部

三、閱讀與寫作

(一)內容深究

師生共同討論下面問題，使小朋友更了解課文內容。

1.課文中的一家人有哪些人？

2.小平和愛麗為什麼是媽媽的好幫手？

3.看到弟弟爬上餐桌，小平做了什麼事？

4.讀了這一課，你覺得機智或應變能力重要嗎？

5.你曾經有過運用機智或應變能力的經驗嗎？

(二)練習朗讀課文

1.本課課文可用朗讀方式進行，讓小朋友輪流讀或個別讀。

2.第三、四段內容，情節富有變化，充滿危險，朗讀時語調可以提高，速度可以加快，把緊張氣氛表達出來。

3.最後一段，事情有圓滿的結果，可以用愉快、喜悅的語氣朗讀。

(三)形式深究（僅供教師參考）

1.章法：

(1)課文體是一篇記敘文。開頭寫出用餐的時間、地點和人物，把記敘文敘事的要點表達出來了。情節有變化，使讀者能融入情境中，並把文平的機智，很自然，很合理的帶引出來。結尾與開頭緊緊相扣，前後文呼應得很好。

(2)研討課文分段大意及全文大意：

分段大意：內容依事情發展的經過，可以分為四段敘述：

第一段：中午，小平一家人要在樹下吃午餐。

第二段：小平和愛麗幫忙媽媽把食物、碗盤排好。

第三段：弟弟爬上餐桌，小平用話轉移弟弟的注意力，才使弟弟平安無事。

第四段：小平的機智，使弟弟平安無事，一家人仍愉快的吃著午餐。

全文大意：小平一家人要在樹下吃午餐時，兩歲大的弟弟爬到餐桌上，眼看快要摔下來了，小平大喊一聲引開弟弟注意力，並跑上前抱住弟弟，才使弟弟平安無事。

(3)結構分析：

全文

- 時間——中午。
- 人物——小平一家人。
- 活動——吃午餐。
- 經過情形
  - 一、小平和愛麗在排餐具和食物時，兩歲大的弟弟爬到餐桌上。
  - 二、看到弟弟快要掉下來，小平大喊一聲引開弟弟的注意力，使弟弟平安無事。
- 結果——弟弟平安無事，一家人愉快的吃著午餐。

(4)主旨：小平富有機智，反應又快，及時化解了一場危機。

2.句子練習：

(1) 什麼地方……有什麼？

屋前有一塊草地。

樹上有一個果子。

桌上有一碗湯。

(2) ……得……

媽媽氣得臉色發白。

弟弟笑得流口水。

老師說得好開心。

四、教學資料庫

(一)語文活動八解答參考

我覺得這個故事太好笑。

(3) ……使……

雙十節的煙火，使天空變得很明亮。

安安說了一個笑話，使大家笑得倒在地上。

美美的書包很漂亮，使大家都很喜歡。

(4) ……仍然……

天氣變冷了，王伯伯仍然穿著一件夏天的衣服。

他是個有錢人，仍然過著簡單的生活。

愛迪生發明電燈時，失敗好多次，他仍然不灰心。

雨下得很大，哥哥仍然和同學一起打球。

(5) 先……再……

弟弟回家後，先洗手再吃飯。

我喜歡先彈琴再寫功課。

老師上課時，先說明一遍再讓我們上臺報告。

第49頁【寫一寫】

（一條）（一隻）（一個）（一條）

第50頁【造句練習】

1.（他上臺唱了一首歌，使大家拍手叫好。）

2.（三更半夜了，他仍然在燈下讀書。）

(二) 習作解答參考

A本

【習作㈠】

1.（愉快的過新年）（愉快的約會）2.（接住一個球）（接住一本書）。

【習作㈡】

1.（再）2.（在）3.（在）4.（再）5.（再）6.（在

B本

【習作㈠】

（紙盒）（一輛）（車子）

（沙子）（一間）（房子）

（被單）（一件）（披風）

【習作㈡】

1.（小平和愛麗幫忙把食物和碗盤排好。）
2.（兩歲大的弟弟爬到餐桌上面。）
3.（小平大喊，使弟弟回過頭來，轉移注意力。）
4.（我喜歡小平，因為他富有機智。）

㈡補充資料：字謎

1. 兩座山在一起。（——出）
2. 千里遠的地方。（——重）
3. 一家有十一口。（——吉）
4. 大隻的羊。（——美）
5. 門內有耳朵。（——聞）
6. 一口咬掉牛尾巴。（——告）
7. 上面小，下面大。（——尖）
8. 有手有腳，但跑不掉。（——捉）

九 精彩的演出

一、聆聽與說話

(一)語文遊戲：老師說

目的：透過這個遊戲，讓小朋友能有專注力，並讓「聽力」和「行動」配合在一起。

1.老師先說明遊戲規則：當老師說一個動作或口令時，如果話裡頭有「老師說」這三個字，小朋友才要「聽從」做出動作來。沒有「老師說」這三個字時，小朋友可以置之不理，不必有任何動作。

2.舉個例子說明，當老師喊出口令了：「老師說站起來！」小朋友都要站起來。沒有站起來的小朋友就算「出局」了，不再參加這項活動。

3.當老師喊出口令是：「坐下！」結果有些小朋友坐下了，那這些小朋友算「出局」了。剩下來沒有「出局」的小朋友繼續玩，堅持到最後的小朋友就算贏了。

4.老師喊出口令時，記得「老師說」和沒有「老師說」的口令要交互使用，才能訓練小朋友的聽力和反應能力。

(二)看圖說話

老師讓小朋友觀察課本內的情境圖，可以分組討論，也可以在師生共同討論中，使小朋友達到「聆聽、說話、思考」的基本能力。

1.從圖中，可以看出演戲的地點在哪裡？
2.臺上有幾個人在表演？
3.在臺下看戲的人都是小孩子嗎？他們臉上有什麼表情？
4.從圖中，可以看到作者和他的媽媽嗎？
5.到底是演誰？要有鬍子呢？

(三)概覽課文

1.小朋友再把課文的情境圖看一遍。
2.教師範讀課文一遍。
3.教師領讀課文。
4.小朋友試讀課文（齊讀、分組讀、個別讀、輪流讀均可）。
5.小朋友試說全文大意。

二、閱讀與識字

(一)提出詞語

1.小朋友共同提出本課詞語，教師補充說明，並將所有詞語書寫在黑板上面。
2.教師範念之後再領念，同時矯正發音。小朋友可以分組讀、個別讀、輪流讀。

(二) 詞義教學：教師可以用各種示意法，讓小朋友了解語詞或句意。

1. **演戲**：照著腳本演出的戲，如舞台劇、木偶戲、掌中戲等的演出。
2. **出場**：本文是說：演戲的人出現在舞台上。
3. **拜訪**：到別人家去問好。如：過年時，我要去拜訪一些好久不見的朋友。
4. **歲**：本文是指年齡。如：你今年幾歲？
5. **臺**：本文是指高出地面，可以在上面表演的地方。教師可用「講臺」當例子，說明「臺上」和「臺下」有什麼區別。
6. **東倒西歪**：本文是指笑的情形，有人笑得倒向東邊，有人笑得歪向西邊，形容歪歪倒倒的樣子。
7. **順利**：很順手完成了。如：這次的躲避球比賽，我班很順利的贏了。
8. **時候**：是指時間。如：是什麼時候了，你還不上床睡覺嗎？
9. **欣賞**：看藝術作品或看一些表演，能產生一種喜愛的感受。如：我很欣賞哈利波特的小說，已經看到第五集了。
10. **體會**：設身處地去了解，去領會的意思。如：你能體會父母對你的期望嗎？
11. **應變**：應付突然發生的變故。如：突然有人搶你的皮包，你會有怎樣的應變能力？
12. **黏**：教師可以用動作示意法，用膠水把紙張黏住或用貼紙貼在本子上。
13. **鬍子**：口部上下長的毛，通常叫鬍子。教師可以用圖片說明。

(三) 字形教學

1. 習寫字：以食指書空練習，也可以讓小朋友上台試寫。

演（水）部　之（丿）部
朗（月）部　利（刀）部
場（土）部　欣（欠）部
訪（言）部　賞（貝）部
臺（至）部　體（骨）部
倒（人）部　應（心）部
黏（黍）部

2. 認讀字：

戲（戈）部　鬍（髟）部

三、閱讀與寫作

(一) 內容深究：

師生共同討論下面問題，使小朋友更了解課文內容。

1. 本文是用什麼方式寫作的？
2. 能說一說作者和媽媽去看戲的時間和地點嗎？

3.為什麼演「老師」的人一出場，大家都笑得東倒西歪？

4.演「學生」的年輕人，發揮了怎樣的應變能力？才使這場戲順利的演下去？

5.這一篇日記，作者是什麼時候寫的？

6.你能說一說跟「應變」有關的小故事嗎？

㈡練習朗讀課文

1.老師領念課文。

2.用分組念或指定小朋友念。

3.鼓勵小朋友上臺念給大家聽，或回家念給家人聽。

㈢形式深究（僅供教師參考）

1.章法：

⑴本文是一篇日記，屬於應用文。開頭要寫上日期、星期、天氣。內容是敘述作者和媽媽一起去看戲，演戲的人具有應變的能力，讓「老師」有機會黏上鬍子，戲才能順利的演下去，使作者體會到應變的重要。

⑵研討課文分段大意及全文大意：

分段大意：內容依事情發展的經過，分為五段敘述：

第一段：作者和媽媽去看戲。

第二段：臺上，一個學生要去拜訪七十多歲的老師。

第三段：演老師的人忘了黏鬍子就上臺了，大家笑得東倒西歪。

第四段：演學生的人跟忘了黏鬍子的老師說，快請你爸爸出來，才使這場戲順利的演出。

第五段：作者體會到應變的重要。

全文大意：作者和媽媽一起去看戲，演戲的人具有應變的能力，讓忘了黏上鬍子的「老師」，有機會黏上鬍子，戲才能順利的演下去，使作者體會到應變的重要。

(3)結構分析：

全文
- 起因——作者和媽媽去公園看戲：
- 經過
  - 1.戲的開頭，是一個學生要去拜訪一位七十多歲的老師。
  - 2.演老師的人忘了黏鬍子就跑出來，使看戲的人笑得東倒西歪。
  - 3.演學生的人具有應變的能力，使戲順利的演下去。
- 結果——作者體會到應變的重要。

(4)主旨：遇到突發狀況時，能想出應變的方法，事情就能順利的完成。

2.句子練習：

(1)**一邊……一邊……**

1.他一邊寫字一邊看電視，結果錯字連篇。

2.妹妹一邊唱歌一邊跳舞，好像小歌星。

(2) ……原來……

你為什麼不吃午餐？原來忘了帶便當。

他今天很開心，原來是心愛的小狗找回來了。

(3) ……已經……

他已經很難過了，你不要再說他。

上課鐘聲已經響了，小明還在操場上玩。

(4) 不但……還……

哥哥不但會畫圖，還會拉小提琴呢！

今天不但下大雨，還不斷的打雷，真嚇人！

3. 成語練習：

東倒西歪

四、教學資料庫

(一)語文活動九解答參考

第56頁【寫一寫】

（他開開心心的吃著冰淇淋。）

（他快快樂樂的唱著童謠。）

第57頁【造句練習】

1.（哥哥今天請吃糖，原來是他的作品被登出來了。）

2.（他不但養了一隻狗，還養了三隻小貓呢！）

㈡ 習作解答參考

A本

【習作㈠】

1.（上臺）2.（臺上）3.（臺下）4.（上臺）（下臺）5.（臺上）（臺下）

【習作㈡】

1.（王老先生已經七十多歲了，每天都到公園運動。）

2.（弟弟一邊看電視一邊喝可樂，還哈哈的笑著。）

3.（時間很快的過去了，弟弟要上小學了。）

B本

【習作㈠】

（日）（晴天）（天晴）

（糸）（經過）（經常）

（車）（年輕）（很輕）

（月）（希望）（聲望）

（心）（忘了）（忘記）

【習作㈡】

（我和姐姐到）（書店）（買書）

（我和弟弟到）（學校）（讀書）

㈢ 補充資料：如何成為辨字高手？

「青」字真好玩。遇到了「日」部首，啊！你看天氣多「晴朗」。遇到「心」部首，你可以坐在有一塊「青青」的草地，想一些有趣的「事情」。遇到了「米」部首，哈！你的「精神」可來了，打一天的球都不會累。遇到了「虫」部首，那你有眼福了，可以欣賞一隻隻的「蜻蜓」在半空中飛來飛去呢！

總說

第四單元 好習慣

本單元以「好習慣」為主題，分別介紹「守時」、「遵守圖書館的規則」和「收拾玩具」三項好習慣。

在此單元中，第十課「準時赴約的花」，以時間的推移，來介紹花園裡花的開放，讓學生由花的「準時開放」，感受到「守時」的重要。第十一課「上圖書館」和第十二課「小意外」都是書信體的應用文，利用父子間書信的往返，提醒上圖書館的注意事項和玩完玩具就得收拾的習慣。連續出現兩課書信，加深學生對書信格式的認識。

「知行合一」，要能「即知即行」，好習慣不是知道就可以了，還必須去做到才成。

十 準時赴約的花

教材說明	教學重點	教學建議
1.本課是記敘文，介紹大家常見的牽牛花、冬瓜花、絲瓜花、南瓜花和紫茉莉的開放時間，藉由它們開放的準時，暗示兒童也要準時。 2.由天還沒亮就開花的牽牛花，到下午四點鐘開放的紫茉莉，以時間的先後作為敘述的順序。	1.理解課文中的詞語和句子，學會「赴約」、「探出頭」、「不約而同」的用法，並能運用「……真像……」、「……雖然……卻……」來造句。 2.認識身旁常見的花草，並能找資料介紹讓同學知道。 3.討論「守時」的重要。	1.朗讀課文時，輕快、活潑，表現出驚喜的感覺。 2.本課的生字「牽」、「實」、「茉」易寫錯，要特別指導。

十一　上圖書館

教材說明	教學重點	教學建議
1.本課是書信，文體是應用文。利用爸爸寫給兒子的家書，介紹上圖書館的注意事項。 2.書信由「稱呼」、「問候的話」、「正文」、「祝福的話」、「署名」、「日期」幾部分構成，信的格式要特別指導。	1.理解課文中的詞語和句子，學會運用「……有沒有……」、「……但是……」、「……不可以……也不可以……」來造句。 2.「稱呼」、「祝福的話」要頂格，也就是由第一格寫起，表示對收信者的尊敬或重視。 3.討論「問候的話」、「正文」可以寫的內容。 4.認識信封的寫法。	1.朗讀課文時，音調要放緩、放慢，讓人感覺到爸爸關心兒子的親切和和藹。 2.本課生字「圖」、「館」、「歸」要注意寫法的指導。 3.上圖書館的注意事項要特別指導，最好能帶著學生到圖書館實地參觀。

十二　小意外

教材說明	教學重點	教學建議
1.本課是書信，文體是應用文，利用兒子寫給爸爸的回信，提醒學生玩具玩完要收拾好。 2.連著前一課，第二次出現書信的寫作，以加深學生對書信格式的印象。	1.理解課文中的詞語和句子，學會運用「已經」、「抱著」、「不小心」來造句。 2.提出生活中常見的小意外，討論該如何避免。 3.討論並能分辨「挑著」、「捧著」、「背著」、「提著」、「抱著」、「踩到」等動作詞所代表的意思。	1.朗讀課文時，因為是兒子寫給爸爸的信，所以音調可以輕快、活潑些。 2.本課生字「乖」要注意和「乘」字的分辨。 3.人稱代名詞「您」的用法，要作特別的指導。

十 準時赴約的花

一、聆聽與說話

(一)語文遊戲：猜拳找朋友

1. 找十位小朋友，每人拿一張詞卡，詞卡內容為（開滿了、吹著、笑臉、牆頭、展開、晚飯、小喇叭、太陽、早起的、準備）。
2. 遊戲開始，兩人一組猜拳，贏的可以看對方詞卡的內容，剛好順了，就可以蹲下（如：開滿了牆頭，早起的太陽，準備晚飯，展開笑臉，吹著小喇叭）。無法配對，就再找別人猜拳，一樣是贏的人才可看對方的詞卡。

(二)看圖說話

老師引導小朋友觀察課本的情境圖，在師生回答中，讓小朋友達到「多看、多想、多說」的目的。

1. 圖上的花兒有幾種顏色？
2. 你認識什麼花兒？
3. 像小喇叭的是什麼花？
4. 花開了，你會看到什麼昆蟲？
5. 什麼時候花開得最漂亮？

6. 你有沒有種過花兒？想不想種種看？

(三) 概覽課文

1. 兒童把課文情境圖看一次。
2. 教師領讀課文。
3. 兒童試讀課文（齊讀、分組讀、個別讀）。
4. 兒童試說大意。

二、閱讀與識字

(一) 提出詞語

1. 兒童舉手提出本課詞語，教師將詞語寫在黑板上。
2. 老師範念後，再領念，並矯正發音，兒童可全體念、分組念、個別念。

(二) 詞義教學

1. **漂亮**：好看。可讓學生共同討論「漂亮」的標準。
2. **紫色**：藍和紅混合的顏色，以實物示意。
3. **赴約**：參加約會。

4. **艷麗**：鮮豔而美麗。

5. **牽牛花**：俗稱喇叭花，以實物或圖片示意。

6. **牆頭**：牆的上面。

7. **喇叭**：用嘴吹的樂器，以圖片示意。

8. **絲瓜**：菜類，莖細長，葉掌狀，夏天開花，果實細長，可做菜吃。

9. **果實**：果子，以實物示意。

10. **鮮黃**：很亮的黃色，以實物或色卡示意。

11. **探出**：伸出，以動作示意。

12. **不約而同**：沒有事先約定，但是做出來的事情都一樣。

13. **茉莉**：花名，以圖片示意。

14. **煮飯**：把米和水放入鍋子煮熟。

(三) 字形教學

1. **習寫字：小朋友以食指書空練習，也可以讓小朋友上台練習試寫。**

赴（走）部　實（宀）部

守（宀）部　鮮（魚）部

牽（牛）部　探（手）部

支（支）部　而（而）部

行（行）部　晚（日）部

曲（曰）部　煮（火）部

絲（糸）部

2. **認讀字：**

紫（糸）部　雖（隹）部

艷（色）部　展（尸）部

牆（爿）部　鐘（金）部

喇（口）部　稱（禾）部

三、閱讀與寫作

(一)內容深究：

引導兒童回答問題。

1. 花兒準時赴約非常守時，這是什麼意思？
2. 豔麗的牽牛花像吹著進行曲的小喇叭，牽牛花和小喇叭是顏色像還是形狀像？
3. 作者用「豔麗」來形容牽牛花，哪些顏色算豔麗的顏色？
4. 「牽牛花 開滿了牆頭」，這是什麼意思？
5. 冬瓜、絲瓜、南瓜的果實不同，花卻是鮮黃色，表示絲瓜的花是什麼顏色？

6.它們不約而同展開笑臉，「不約而同」是什麼意思？
7.請舉個例子說明什麼情形，我們也會「不約而同」？
8.被稱為「四點鐘」的是什麼花？為什麼會有這種稱號？

(二)練習朗讀課文

1.老師領念。
2.指定兒童分組或個別念。
3.鼓勵兒童回家念給父母聽。

(三)形式深究（僅供教師參考）

1.章法：
(1)本課文體是記敘文，介紹了花園裡的牽牛花、冬瓜、絲瓜、南瓜花、紫茉莉。
(2)研討課文分段大意及全文大意：
分段大意：第一段：花園裡有許多準時的花。
第二段：牽牛花顏色豔麗。
第三段：冬瓜、絲瓜、南瓜的果實不同，花的顏色卻一樣。
第四段：紫茉莉被稱為煮飯花。
第五段：花兒準時開放真有趣。

全文大意：有許多美麗的花，都準時開放。

(3)結構分析：

- **全文**
  - 總說——第一段——花園裡有守時的花
  - 分說
    - 第二段——牽牛花
    - 第三段——冬瓜、絲瓜、南瓜的花
    - 第四段——紫茉莉
  - 總說——第五段——花兒準時開放

(4)主旨：準時赴約是好習慣，守時的花兒真有趣。

2.句子練習：

(1) ……真像……

牽牛花真像一支支吹著進行曲的喇叭。

他長得真像電影明星。

(2) ……雖然……卻……

果實雖然不一樣，開出來的花卻相同。

弟弟雖然很聰明，平時卻不用功。

(3) 不約而同

早起的太陽探出頭時，它們也不約而同的展開了笑臉。

聽到了下課鈴，大家不約而同的往操場跑。

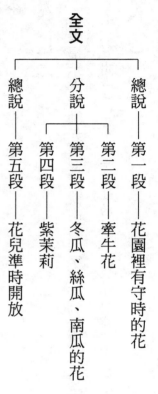

3. 詞語練習：四字詞語

準時赴約

不約而同

展開笑臉

四、教學資料庫

(一) 語文活動十解答參考

第62頁【讀一讀】

(○)(○)(×)(×)(×)

(二) 習作解答參考

A本

【習作(一)】

教學提示：老師先解釋括號內的四字語詞的意思，再讓學生各自習寫。

1.(冒出冷汗) 2.(準時赴約) 3.(慌慌張張) 4.(平安無事) 5.(不約而同)

【習作(二)】

教學提示：此大題口頭回答即可。

1.(小喇叭) 2.(紫、紫紅、粉紅、藍……) 3.(黃色) 4.(黃色) 5.(紫茉莉) 6.(它在媽媽煮

飯時開放）

B本

【習作㈠】

1.（高高的個子、長手、長腳，他們父子兩人長得真像。）

2.（他長得雖然胖胖的，賽跑、跳高卻樣樣拿手。）

【習作㈡】

教學提示：此大題依時間順序與課文內容來排。

1.（2）2.（4）3.（5）4.（3）5.（1）6.（6）

㈢ 補充資料：

1.牽牛花：旋花科，一年生草本植物，種類很多，葉心形，互生，夏季開花，有紫、紅、白或藍等顏色，形似喇叭，又稱喇叭花，果實為蒴果，分布於亞洲。

2.冬瓜：瓜科，一年生蔓性草本植物。莖上有黃色茸毛，葉廣卵圓形，掌狀，花黃色，果實長柱形或長橢圓形，可食用，分布於熱帶、亞洲、澳洲。

3.絲瓜：瓜科，一年生蔓性草本植物。掌狀葉，夏秋間開黃色花，瓜果圓柱形，可食用，老熟後，瓜體富網狀纖維，可作洗滌用具。

4.南瓜：瓜科，一年生蔓性草本植物，又稱金瓜，金株密被短粗毛，葉圓卵形或心形，夏季開大型黃色花，果實形狀、顏色因品種而異，有圓形、扁球形，世界各地多有栽培。

5.紫茉莉：紫茉莉（紫茉莉科），紫茉莉是多年生的草本植物，可以長到一公尺高，有地下塊根。生命力很強，常常長成一大叢。直立的莖有很多分枝，節的地方鼓起來像關節。對生的葉是三角圓，摸起來像薄薄的紙，葉邊是小波浪的樣子。紫茉莉喜歡在晴天的傍晚開花，剛好是煮飯的時間，所以又叫做煮飯花。漏斗形的花瓣有五個小圓弧，從上面枝條的葉子底部開出，花瓣可以做化妝品的染料，又叫做胭脂花。它的花色很多，同一朵花上也可以雜有幾種顏色；常見的花色有紫紅和白色。雄蕊的花粉粒不多，但是很明顯，很好觀察。成熟的黑球果有稜邊，大概〇．八公分長。

十一 上圖書館

一、聆聽與說話

(一) 語文遊戲：借書

1. 每位小朋友選一個書名，代表一本書。
2. 找一位小朋友上台，說出五本書名，表示要借這五本書，說完，代表五本書的五位小朋友，就要交換座位，借書的那個人，就要去搶位子。
3. 沒有座位的人，就要上台借書。

(二) 看圖說話

老師引導小朋友觀察課本的情境圖，在師生回答中，讓小朋友達到「多看、多想、多說」的目的。

1. 圖書館裡有什麼？
2. 進圖書館必須要帶什麼？
3. 為什麼不可以在圖書館裡吃東西？
4. 為什麼不可以在圖書館裡打打鬧鬧？
5. 可不可以很安靜的在圖書館裡睡覺？
6. 圖書館裡可以做什麼？

(三) 概覽課文

1. 小朋友把課文情境圖看一次。
2. 教師領讀課文。
4. 兒童試讀課文（齊讀、分組讀、個別讀）。
5. 兒童試說全課大意。

二、閱讀與識字

(一) 提出詞語

1. 兒童舉手提出本課詞語，教師將詞語寫在黑板上。
2. 老師範念後，再領念，並矯正發音，兒童可全體念、分組念、個別念。

(二) 詞義教學：老師用各種示意法，讓小朋友了解語詞或句意。

1. **親愛**：親近，關係密切。信的稱呼常用「親愛的○○」。
2. **按時**：照著時間。可以用例句來說明：我們要按時讀書，養成讀書的好習慣。
3. **一批**：一個物品以上（複數）。以例句來說明：一批新的貨才剛到。
4. **年紀**：指年齡。以例句來說明：我的年紀比姊姊小。
5. **提醒**：叮嚀。以例句來說明：媽媽常常提醒我睡前要刷牙。

6. **陪你**：跟在旁邊作伴。爸爸對媽媽說：「我陪你上市場買菜。」

7. **借書**：把別人的書暫時用一下。可用「借錢」來說明。

8. **應該**：應當。以例句來說明：我們應該天天上學。

9. **圖書館**：可以借書、看書的場所。

10. **歸還**：把借來的東西還給人家。

11. **學業**：研究學問的所得。學生稱學業，大人的工作就稱為事業。

(三)字形教學

1. **習寫字：以食指書空練習，也可以讓小朋友上台試寫。**

館（食）部　陪（阜）部

親（見）部　借（人）部

按（手）部　該（言）部

工（工）部　向（口）部

作（人）部　此（止）部

活（水）部　業（木）部

紀（糸）部

「圖」字筆畫較多，寫起來會比較大，字可寫成長方形，會好看些。

2. **認讀字：**

圖（口）部　醒（酉）部
闢（門）部　離（隹）部
剛（刀）部　歸（止）部
以食指書空練習。

三、閱讀與寫作

(一)內容深究：

引導兒童回答問題。

1. 爸爸為什麼要孩子「按時寫功課」？
2. 什麼叫「外地」，哪些地方可以稱為「外地」？
3. 為什麼在圖書館裡不可以大聲說話？
4. 為什麼要輕輕的離開位子？
5. 書本看完，為什麼要放回原位？
6. 向圖書館借的書，為什麼要按時歸還？
7. 除了學校的圖書館，你還知道社區的圖書館在哪兒？
8. 「就此停筆」是什麼意思？

(二)練習朗讀課文

本課是爸爸寫給兒子的信，音調要放緩、放慢，有親切感。

1. 老師領念。
2. 指定兒童分組或個別念。
3. 鼓勵兒童回家念給父母聽。

(三)形式深究（僅供教師參考）

1. 章法：

(1)本課是書信，文體是應用文，由「稱呼」、「問候的話」、「正文」、「祝福的話」、「署名」、「日期」幾部分構成，信的格式要特別指導。

(2)研討課文分段大意及全文大意：

分段大意：1. 爸爸在外地工作，很想念孩子。

2. 告訴孩子圖書館有新書，可以帶妹妹去看。

3. 叮嚀借的書要按時歸還。

全文大意：爸爸想念孩子，要孩子帶妹妹到圖書館看書。

(3)結構分析：

全文
- 稱呼
- 問候的話——爸爸想念家人
- 正文
  - 可以帶妹妹到圖書館看書
  - 借的書要按時歸還
- 祝福的話
- 署名
- 日期

(4)主旨：在圖書館看書，要遵守圖書館的規則。

2.句子練習：

(1) ……有沒有……

例如：有沒有按時寫功課？

有沒有按時吃藥？

(2) ……但是……

例如：爸爸在外地工作很忙，但是很想念你們。

我中午吃了很多飯，但是現在又餓了。

(3) ……不可以……也不可以……

例如：在圖書館裡，不可以大聲說話，也不可以吃東西。

小孩子不可以抽煙，也不可以喝酒。

3. 語詞練習：

「輕輕的」是副詞，形容下面的動詞

輕輕的離開位子。

輕輕的放下東西。

輕輕的唱著搖藍曲。

四、教學資料庫

(一)語文活動十一解答參考

第68頁【猜一猜】

（ㄊㄤˊㄌㄤˊ）（ㄒㄧˋ）

（ㄈㄨˊㄖㄨˊㄥ）（ㄨㄤˊㄧㄤˊ）

(二)習作解答參考

A本

【習作(一)】

教學提示：「輕輕的」、「快快的」、「靜靜的」、「慢慢的」都是副詞，它形容後面的動詞，所以

整個詞語是：副詞（輕輕的）＋動詞（離開）＋名詞（位子），其他依此類推。

輕輕的（放下東西）　快快的（放下東西）

輕輕的（打開大門） 快快的（打開大門）
輕輕的（蓋上棉被） 快快的（蓋上棉被）
靜靜的（閉上嘴巴） 慢慢的（整理書桌）
靜靜的（畫著圖畫） 慢慢的（擺好碗筷）

【習作㈡】

教學提示：請指導依教學指引的結構圖填寫：

信的格式
- 稱呼
- 問候的話
- 正文
- 祝福的話
- 署名
- 日期

B本

【習作㈠】

1.（關心） 2.（提醒） 3.（想念） 4.（按時） 5.（聽說）

【習作㈡】

教學提示：

⑴「……但是……」是轉折句，前後兩句意思相反。

(2)「……不可以……也不可以……」是並列句，前後都「不可以」。

1.（我長得不高，）（我的志氣高。）

（媽媽生病了，）（仍忙著做家事。）

2.（在上課時，）（說話，）（吃東西。）

（在吃飯時，）（說話，）（唱歌。）

(二) 教學補充資料

1. 中國圖書分類簡表：

總類	哲學類	宗教類	自然科學類
000 特藏	100 哲學總論	200 總論	300 總論
010 目錄學總論	110 思想學問概說	210 比較宗教學	310 數學
020 圖書館學總論	120 中國哲學總論	220 佛教	320 天文
030 國學總論	130 東方哲學總論	230 道教	330 物理
040 類書；百科全書	140 西方哲學總論	240 基督教	340 化學
050 普通雜誌	150 理論學	250 回教	350 地質
060 普通社會	160 形而上學；玄學	260 猶太教	360 生物；博物
070 普通論叢	170 心理學	270 其他各教	370 植物
080 普通叢書	180 美學	280 神話	380 動物
090 群經	190 倫理學	290 術數；迷信；奇跡	390 人類學

應用科學類		社會科學類		史地類		世界史地	
400	應用科學總論	500	總論	600	史地總論	700	編論
410	醫學總論	510	統計	610	中國通史	710	世界史地
420	家事	520	教育	620	中國斷代史	720	海洋
430	農業	530	禮俗	630	中國文化史	730	東洋史地
440	工程	540	社會	640	中國外交史	740	西洋史地
450	礦冶	550	經濟	650	史料	750	美洲各國
460	應用化學；化學工藝	560	財政	660	地理總志	760	非洲各國
470	製造	570	政治	670	方志	770	澳洲及其他各地
480	商業；各種營業	580	法律	680	類志	780	傳記
490	商學；經營學	590	軍事	690	中國遊記	790	古物；考古

語文類		美術類	
800	語言文字學	900	總論
810	文學	910	音樂
820	中國文學	920	建築
830	總集	930	雕塑
840	別集	940	書畫
850	特種文藝	950	攝影
860	東洋文學	960	圖案；裝飾
870	西洋文學	970	技藝
880	西方諸小國文學	980	戲劇
890	新聞學	990	遊戲；娛樂；休閒

2.怎樣寫好一封信：

寫信和作文章一樣，只是有一部分不大相同，現在我們把不同點列出來。

一、稱呼：例如爸爸、媽媽、表哥、大明同學。（不必空二格）

二、問候的話：近來好嗎、我非常想念你！（要空二格）

三、信的正文：就是信的主要內容，應該簡單明瞭、用詞恰當，另外還要有誠懇的態度。（要空二格）

四、祝福的話：信尾要附上祝福的話。如：學業進步、身體健康等。（不用空二格）

五、寄信人署名：信的最後面下方要寫上自己的名字，名字的右上角要記得標上發信人對收信人的自我稱呼，例如：兒子、女兒、朋友、表妹等。（名字下面要寫「敬上」或「上」。）

六、寄信日期：寫在自己的名字的左下角。

稱呼

問候的話

信的正文

親愛的兒子：

你好！收到你的信真高興，你寫的信進步很多呢！

你帶妹妹到圖書館看書，妹妹很乖吧？你真是個好哥哥！再過十天，爸爸就可以回家了，接到信後，告訴媽媽好嗎？

祝

學業進步

祝福的話

寄信人署名

寄信日期

爸爸親筆

月　日

（摘自兒童寫作指南，臧其祿編）

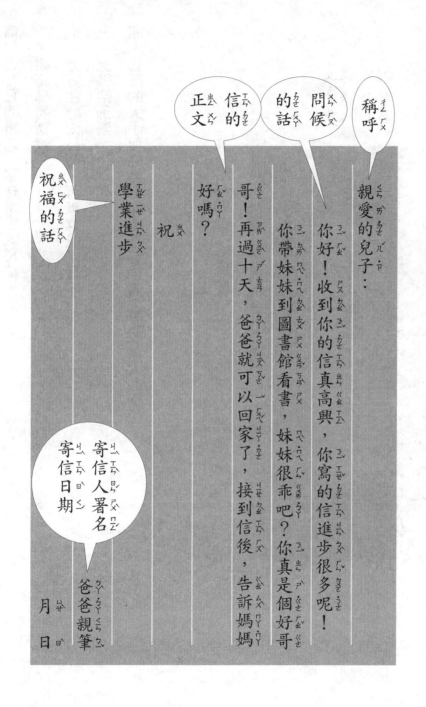

3.信封也有它的格式，這裡是中式寫法。

一、要寫郵遞區號。

二、對方住址太長時，可以寫成兩行。

三、記得貼郵票。

四、稱呼的大小與姓名一樣，是郵差先生對收信人的稱呼。

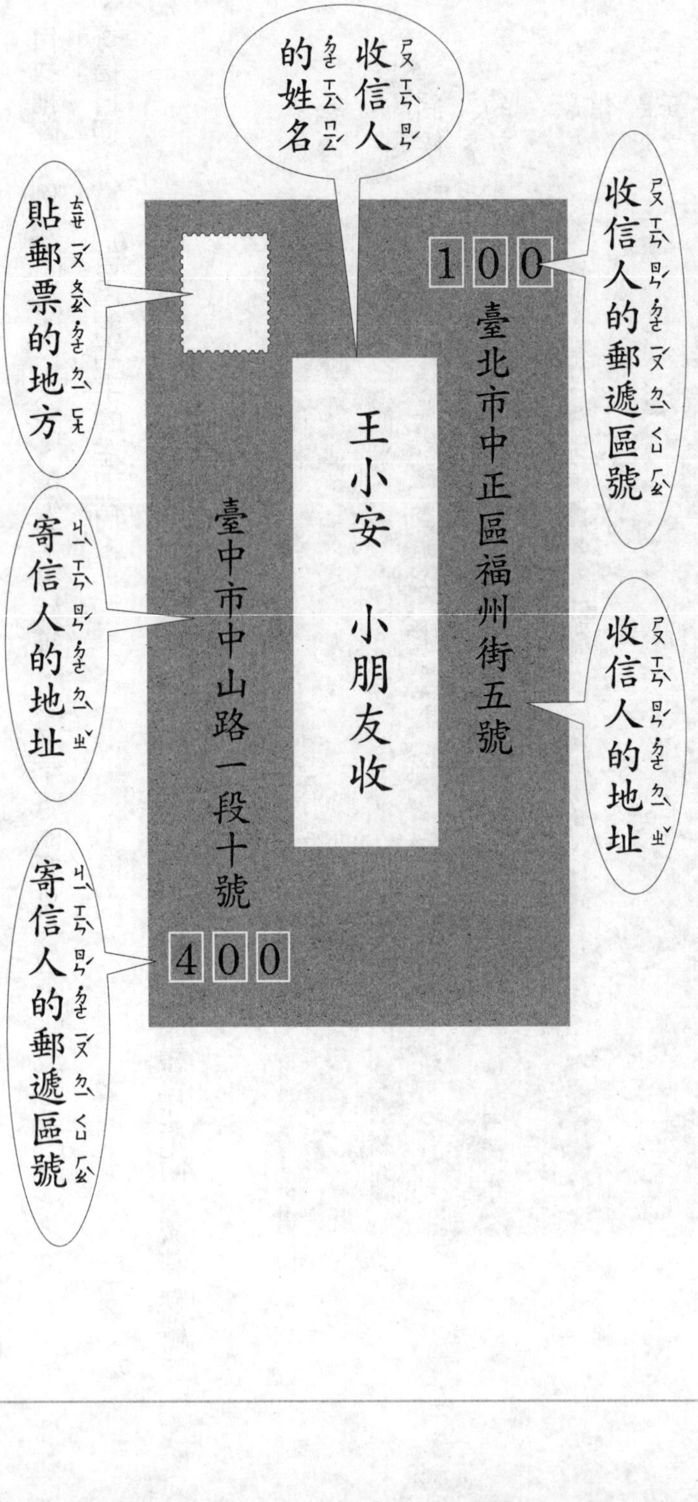

十二 小意外

一、聆聽與說話

(一) 語文遊戲：買書

1. 每位小朋友選一個書名代表一本書。
2. 找一位小朋友上臺買書，先說書名，再找出對應的人，答對的越多，表示買的書越多。
3. 此遊戲可訓練兒童觀察力與記憶力，倘若每位小朋友還可以介紹自己所代表的者，那就更好了。

(二) 看圖說話

老師引導小朋友觀察課本的情境圖，在師生回答中，讓小朋友達到「多看、多想、多說」的目的。

1. 地上有什麼玩具？
2. 誰在玩玩具？
3. 滿地的玩具，會有什麼問題？
4. 說說看積木要怎麼玩？
5. 玩具玩好了，要怎麼處理？
6. 小表弟為什麼會哇哇大哭？
7. 小表弟哭了，你會怎麼辦？

(三) 概覽課文

1. 兒童把課文情境圖看一次。
2. 教師領讀課文。
3. 兒童試讀課文（齊讀、分組讀、個別讀）。
4. 兒童試說大意。

二、閱讀與識字

(一) 提出詞語

1. 兒童舉手提出本課語詞，教師將詞語寫在黑板上。
2. 老師範念後，再領念，並矯正發音，兒童可全體念、分組念、個別念。

(二) 詞義教學

老師用各種示意法，讓小朋友了解詞語或句意。

1. **您**：對長輩的敬稱。
2. **很乖**：小孩子聽話懂事。
3. **阿姨**：指媽媽的姊妹。
4. **抱著**：用手圍摟住，以動作示意。

5. **積木**：玩具的一種，以一個個木塊，堆積拼湊成許多形狀的東西，以實物示意。

6. **踩到**：腳踏到地上的東西。

7. **跌倒**：因外力使身體不平衡，重心往下。

8. **哇哇大哭**：小孩子大哭的樣子。

9. **發生**：產生。

10. **痛**：疼。可以動作示意。

11. **健康**：沒有疾病。

㈢字形教學

1. **習寫字：以食指書空練習，也可以讓小朋友上台試寫。**

意（心）部　踩（足）部
乖（丿）部　跌（足）部
待（彳）部　痛（疒）部
積（禾）部　哭（口）部
器（口）部　健（人）部
急（心）部　康（广）部

2. **認讀字**

具（八）部　啼（口）部

豆（豆）部　敬（攴）部
慰（心）部

三、閱讀與寫作

(一)內容深究：

引導兒童回答問題。

1.作者有沒有帶妹妹去圖書館？
2.作者為什麼沒收玩具？
3.我們一心想要吃東西，也就管不了那麼多了。「一心」是什麼意思？
4.管不了那麼多，指作者不管什麼？
5.作者低下頭對媽媽說話，表示了什麼？
6.這是封兒子寫給爸爸的信，祝福的話可不可以寫「祝學業進步」呢？
7.這是一封回信，哪一段要跟上一篇有關係？

(二)練習朗讀課文

1.老師領念。
2.指定兒童分組或個別念。

3. 鼓勵兒童回家念給父母聽。

(三) 形式深究（提供教師參考）

1. 章法：

(1)本課仍為書信，文體是應用文，與前課相同。

(2)研討課文分段大意及全文大意：

分段大意：第一段回答爸爸上封信的問題。

第二段作者和小表弟玩得很開心。

第三段小表弟踩到地上的玩具跌倒了，作者很難過。

第四段作者知道自己錯了。

全文大意：作者沒把玩具收好，害小表弟跌倒，覺得很難過。

(3)結構分析：

全文
- 稱呼
- 第一段——回覆來信
- 正文
  - 第二段——作者和小表弟玩得很開心
  - 第三段——小表弟踩到地上的玩具跌倒了
  - 第四段——作者知道自己錯了
- 祝福的話
- 署名、日期

(4)主旨：玩具玩完要收好，才不會有小意外。

2.句子練習：

(1) ……已經……

例如：我已經帶妹妹去圖書館借書了。

他已經吃完飯了。

(2) ……抱著……

例如：阿姨抱著小表弟來我們家玩。

哥哥抱著一個大西瓜回來。

(3) ……不小心……

例如：我不小心把玩具踩壞了。

3.語詞練習：

「玩」得好開心。

「吃」得好開心。

「看」得好開心。

「穿」得好開心。

「住」得好開心。

「唱」得好開心。

四、教學資料庫

(一)語文活動十二解答參考

第72頁【拜訪書的家】

以擲骰子方式，寓教於樂。

(二)習作解答參考

A本

【習作(一)】

教學提示：括號中都是動作詞，讓學生念完題目就比動作，看哪一個動作最適合。

1.(4) 2.(3) 3.(5) 4.(1) 5.(2) 6.(6)

【習作(二)】

教學提示：此大題認識部首，這幾個都是常見的部首，學生應該會寫，若不會，可讓他查字典。

(吃)(吃飯)(唱)(唱歌)

(想)(想念)(慰)(安慰)

(抱)(抱著)(按)(按時)

(跌)(跌倒)(踩)(踩到)

B本

【習作㈠】

關心

放心

開心

小心

愛心

這次考試得了滿分，真是（　　）。

她做事非常（　　）。

老師很（　　）你的功課。

她很乖巧，而且很有（　　）。

妹妹一個人上學，真令人不（　　）。

【習作㈡】

教學提示：要叮嚀學生造句時，應該造完整的句子。

1.（他已經吃完飯了。）

2.（哥哥抱著一個大西瓜回來。）

3.（妹妹不小心跌倒了。）

Memo

Memo

Memo

Memo

Memo

Memo

國家圖書館出版品預行編目資料

（全新版）華語教學指引／ 蘇月英總主編. --臺
初版. -- 臺北市：流傳文化，民93-
冊； 公分 --

ISBN 957-28700-9-2 (第3冊：平裝)
ISBN 957-29495-5-1 (第4冊：平裝)

1.中國語言 - 讀本

802.85 93003023

【全新版】華語教學指引第四冊

總 主 編：蘇月英
編撰委員：蘇月英、李春霞、胡曉英、詹月現、蘇 蘭
吳健衛、夏婉雲、鄒敦怜、林麗麗、林麗真
指導委員：信世昌、林雪芳
責任編輯：胡琬瑜
插 畫：郭國書、張河泉
封面設計：陳美霞
發 行 人：曾高燦
出版發行：流傳文化事業股份有限公司
地 址：台北縣(231)新店市復興路43號4樓
電 話：(02)8667-6565
傳 真：(02)2218-5221
郵撥帳號：19423296
http://www.ccbc.com.tw
E-mail:service@ccbc.com.tw
香港分公司◎集成圖書有限公司 - 香港皇后大道中283號
聯威商業中心，8字樓C室
TEL：(852)23886172-3・FAX：(852)23886174
美國辦事處◎ 中華書局 - 135-29 Roosevelt Ave. Flushing, NY 11354 U.S.A.
TEL：(718)3533580・FAX：(718)3533489
日本總經銷◎ 光儒堂 - 東京都千代田區神田神保町一丁目五六番地
TEL：(03)32914344・FAX ：(03)32914345

出版日期：西元2004年3月臺初版(50017)
西元2005年3月臺初版三刷
印 刷：世新大學出版中心
分類號碼：802.85.014
ISBN 957-29495-5-1

定價：110 元